UNIVERSITY OF NORTH CAROLINA
STUDIES IN THE ROMANCE LANGUAGES AND LITERATURES
Number 104

A CRITICAL AND ANNOTATED EDITION OF
LOPE DE VEGA'S *LAS ALMENAS DE TORO*

A CRITICAL AND ANNOTATED
EDITION OF LOPE DE VEGA'S
LAS ALMENAS DE TORO

BY
THOMAS E. CASE

CHAPEL HILL
THE UNIVERSITY OF NORTH CAROLINA PRESS

depósito legal: v. 2.582 - 1971

artes gráficas soler, s. a. - jávea, 28 - valencia (8) - 1971

ACKNOWLEDGMENTS

I would like to express my gratitude to Dr. Edmund de Chasca of the State University of Iowa for his guidance in the original version of this edition, and to the San Diego State College Foundation for its financial assistance.

CONTENTS

		Pages.
I.	INTRODUCTION	11
	1. The Manuscript	11
	2. The Previous Printed Editions	14
	3. The Date of Composition	15
	4. The Plot and Versification	20
	5. The Historical Setting of the Play	28
	6. The Sources for the Plot and Historical Characters	30
	7. The Characters	37
	8. The Style	40
	9. "Las Almenas" as a Tragicomedy	44
	10. A Brief Evaluation	46
II.	TEXT OF "LAS ALMENAS DE TORO"	49
III.	NOTES TO THE TEXT	169
IV.	BIBLIOGRAPHY OF WORKS CONSULTED	213

INTRODUCTION

1. THE MANUSCRIPT

The basic text for this edition of Lope de Vega's *Las almenas de Toro* is a manuscript found in the Biblioteca Nacional in Madrid, listed as no. 107 with the description: "43 hoj. 4° l. del s. XVII, pasta fina (0.)—15.766."[1] It was formerly of the Osuna collection, which was moved to its present location in 1884. The book measures 214 mm × 153 mm, is bound, and in a good state of preservation. The entire text contains forty-seven folios, two of which are blank sheets (fols. 20 and 27). Three are title leaves: one for the play, another preceding the first act, and a third preceding the second act. The play itself was copied in two different hands, one for the first two acts (fols. 2-37) and the second for the third act (fols. 38-47). A first-hand examination reveals that the title page was done in a third hand with several notations in lead pencil and blue pencil, probably the work of later cataloguers. The title leaf reads: *Las almenas de Toro / Comedia en 3 actos de Lope de Vega*. This same leaf has the word *original* written in lead pencil in the upper left hand corner and crossed out also in lead pencil. The word *autografo* is written in lead pencil above the title of the play, but crossed out by two pencil lines. Other markings include the number "660" written in lead pencil in the upper right-hand corner, *Leg 8* in lead pencil near the left-hand margin one-third down the page, and a simple mark resembling the number "1" in red pencil and "S-7" in lead pencil near the middle of the page. All these marks appear to be various unknown symbols used by cataloguers.

---

[1] Julián Paz y Melia, *Catálogo de las piezas de teatro, depto. de MSS de la B. N.*, 2nd. ed. (Madrid, 1934), I, 15.

Another type of handwriting was used from the second folio to the end of the second act (fol. 36). The second folio reads: *Almenas de Toro / 1º / original*. The leaf was torn at one time and repaired with matching paper. It was also used for jotting down columns of numbers, which seem to have no bearing on the play. The twenty-first folio (recto) reads: *Almenas de Toro 2º orijinal* and bears the number "21" in the upper left hand corner.

A third type of handwriting occurs in the third act (fols. 38-47) and differs sharply from the other two basic styles. Also, instead of a single column of verse found in the first two acts, it has double columns, except for the hendecasyllable verses.

The manuscript is not a Lope autograph. The word *original* so clearly written on two folios and faintly written and deleted on the title page merely reflects the casual opinion of past observers.[2] José María Rocamora, author of the *Catálogo abreviado de los manuscritos de la biblioteca del Excmo. Señor Duque de Osuna e Infantado* (Madrid, 1882) declares that the first two acts of this manuscript of *Las almenas de Toro* are in Lope's hand. A close examination of the text, however, shows that the style of handwriting in these two acts was not Lope's, although very similar. It is not known whether the word *autografo* was on the title leaf when Rocamora first encountered the manuscript of whether it was he who wrote it or someone after him. The third act in no way resembles a Lope autograph.

In addition to handwriting, certain marks have proven helpful in establishing the authenticity of a Lope autograph. For example, Lope drew particular figures to indicate entrances, and he frequently underlined the names of the interlocutors at the beginning of a new speech. Among the earmarks of a Lope autograph which are missing in our manuscript are the following: (1) the cross potent to indicate stage entrances; (2) numbers on the folios; (3) underscoring of the

---

[2] Menéndez Pelayo held questionable the opinion of Wolf that a manuscript of Lope's *La Reina doña María* bearing the inscription *original* was an autograph. See "Observaciones preliminares," *Obras de Lope de Vega, publicadas por la Real Academia Española*, 15 vols. (Madrid, 1890-1913), VIII, cxxx. E. Juliá Martínez arrived at the same opinion concerning a manuscript of Guillén de Castro's *Quién malas mañas ha, tarde o nunca perderá*, which has *original written* on it. See "Observaciones Preliminares," *Obras de Guillén de Castro*, 3 vols. (Madrid, 1925), II, xxxiv. Also cf. Emilio Cotarelo y Mori, *Obras de Lope de Vega* (Nueva Acad.), 13 vols. (1916-33), IV, xxv, regarding *La divina vencedora*.

characters' names; (4) curled deletion lines.³ Also, our manuscript in five instances substitutes *r* for *rr* in a medial position, a practice Lope never exercised.⁴ In addition, there appears at the end of the second act: "Fin desta jornada." Lope never wrote the word *jornada* in his autographs, although it was a common synonym for *acto*.⁵ Furthermore, in no part does the manuscript have the numerous deletions, corrections, and marginal notes so common in Lope autographs.

There is good evidence to believe that the text of the first two acts of the manuscript, and to a lesser extent that of the third act, is truer to Lope's original than the text of the first printed editions. The variants are a good indication that the manuscript was not copied from known printed versions. The text of the first two acts, furthermore, has six more lines (ll. 547-48; 1561-64) than the *Parte XIV* text and suffers from only one significant omission, two words "de Toro" (l. 1250). These additional lines give every indication of belonging to the text, especially when we consider that the prevailing practice by *autores* in the seventeenth century was to delete certain poetic passages and not to add to them. A religious invocation which reads: "Alabado sea el Elsmo sacra*m* y la pureça y limpieça de la serenissima Reyna de los Anjeles, concebida sin pecado orijinal," appears at the end of the first act. Such invocations are found on Lope autographs dated between 1615-1625, the period of greatest activity in Spain in defense of the belief in the Immaculate Conception.⁶ It seems very possible that the copyist slavishly transmitted this invocation from the autograph manuscript. The variants from printed editions in the first two acts may be accounted for by the careless hand and orthographical idiosyncracies of the copyist, the fact that the *Parte* editions of the play were transcribed from a different manuscript copy of the play, and the usual changes made by seventeenth-century printers.

---

³ The many excellent critical and facsimile editions of Lope's manuscripts are readily available and well-known to Lope scholars. To mention two of the most descriptive of the autographs are W. Fichter's edition of *El sembrar en buena tierra* (New York, 1944), and A. Reichenberger's edition of *Carlos V en Francia* (Phila., 1962).

⁴ Cf. ll. 51, 895, 1025, 1213, and 1216. See W. Fichter, ed., *El sembrar en buena tierra*, p. 156.

⁵ See Hugo Rennert, "The Staging of Lope de Vega's *Comedias*," *Revue Hisp.*, XV (1906), 482.

⁶ See W. Fichter, "New Aids for the Dating of the Undated Autographs of Lope de Vega's Plays," *HR*, IX (1941), 86, note 18.

The third act of the manuscript is not so well copied or had a less reliable source. Although carefully written, it is impaired by spurious entries, the probable result of haste or carelessness. It is not known how the text of the third act was joined to the other. In spite of its obvious errors, for the most part minor, it is superior in substance to the printed editions, particularly because it supplies additional lines (ll. 2283-84; 2315-18; 2327-30) which are practically indispensable to the sense of the passages. One line (l. 2950), which appears in the printed editions and belongs to the play, is missing.

The spelling, capitalization, and punctuation of both parts of the manuscript follow no set pattern. In these respects, the copyists of our manuscript are as capricious as Lope was in the redaction of his autographs.[7] The words are often run together, as in Lope autographs, although the third act shows a lesser tendency in this regard.

The editor has examined the text of the manuscript in the Biblioteca Nacional of Madrid. Because of the convenience, a microfilm copy was used for the actual transcription of the text.

2. THE PREVIOUS PRINTED EDITIONS

The first known seventeenth-century edition of *Las almenas de Toro* was published in *PARTE CATORZE / DE LAS COMEDIAS DE / LOPE DE VEGA CARPIO... / 1620 / En Madrid, por Iuan de la Cuesta / Acosta de Miguel de Syles mercader de libros. Vendense en su casa, en la / calle Real de las Descalças.* It is the ninth play of a collection of twelve. The following year, 1621, it again appeared in another edition whose title page reads: *PARTE CATORZE / DE LAS COMEDIAS DE LOPE / DE VEGA CARPIO... / 1621 / ... En Madrid, Por la viuda de Fernando Correa Montenegro. / A costa de Miguel de Siles mercader de libros. Vendese en su casa, en / la calle Real de las Descalças.* This is a copy of the 1620 edition. In

---

[7] José F. Montesinos, in his edition of Lope's *El cuerdo loco* (Madrid, 1922), p. 132, remarks: "La ortografía de *El cuerdo loco* es completamente caprichosa; apenas puede rastrearse en ninguno de los autógrafos examinados, ya que no una norma, siquiera una costumbre ortográfica. Frecuentemente, en pocos versos presenta una misma palabra varias grafas distintas."

INTRODUCTION

collating the variants we have used microfilm copies of both *Parte XIV* editions, which belong to the Biblioteca Nacional in Madrid.[8]

A derivation of the various texts of the play could possibly be the following:

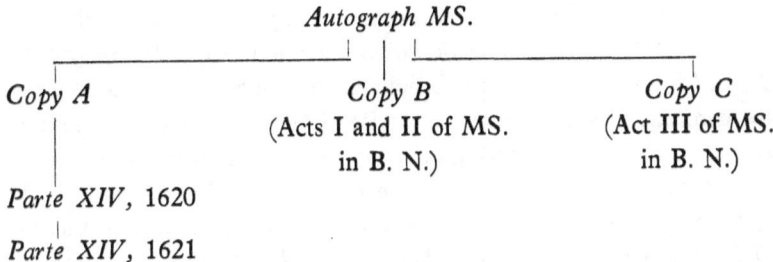

The play again appeared in the *Obras de Lope de Vega* published by the Spanish Academy (Madrid, 1890-1913), volumen VIII. This edition was directed by Menéndez Pelayo, who wrote a preliminary study to the play. The source for this edition was *Parte XIV* (1620, 1621), but because of certain changes made in the text, we have included the variants. Aguilar included the play in the third volume of the *Obras escogidas de Lope de Vega* (Madrid, 1946-55), with an introduction by Federico Sáinz de Robles. The most recent edition of the play is found in volume 197 of the *Biblioteca de Autores Españoles*. These last two editions are reprints of the Academy edition and therefore will not be taken into consideration.

3. THE DATE OF COMPOSITION

The *privilegio* which granted permission for the publication of *Parte Catorze* was obtained in October, 1619, which is the latest possible date for the composition of the play. Rennert and Castro are

---

[8] Rennert and Castro, *Vida de Lope de Vega* (Madrid, 1919), p. 459, list a *suelta* edition of *Las almenas* mentioned by Gayangos. This supposed *suelta* is not found in the collection which Gayangos gave to the Biblioteca Nacional, nor have we succeeded in locating it elsewhere. There are other instances of *sueltas* reported by Gayangos in the Rennert and Castro bibliography which cannot be found. See Diana Ramírez de Arellano, ed., *Los Ramírez de Arellano de Lope de Vega* (Madrid, 1954), p. 14. Gayangos could have recorded the manuscript copy of the play erroneously as a *suelta*.

inclined to think that the late date is 1618, because the play is not included in the second list of the *Peregrino en su patria,* in which Lope lists many of his plays written before the early part of 1618. Castro, however, adds in a note: "El mero hecho de no aparecer en la lista de *El peregrino* de 1618 no prueba de una manera terminante que no haya sido escrito antes." [9] Menéndez Pelayo believes that the play was written after the publication of Guillén de Castro's *Las mocedades del Cid* in 1618. To support his opinion, he points out that Lope wrote the dedication to *Las almenas* in praise of Guillén de Castro to remove suspicion that he was trying to rival the success of his friend's Cid play. [10] *Las almenas de Toro* in the only play by Lope in which the Cid appears. The dedication, however, extols the virtues of Castro's *Dido y Eneas,* not *Las mocedades del Cid,* and discusses dramatic theory and not the Cid theme. Menéndez Pelayo goes so far as to state that Lope took great care to "huir de la materia épica" so that *Las almenas* would not be thought an attempt to rival *Las mocedades.* [11] "No es para mí dudoso, por lo tanto," he declares, "que *Las almenas de Toro* se escribieron [*sic*] después de la segunda parte de *Las mocedades,* y que la dedicatoria nació del deseo de evitar toda sombra de rivalidad o competencia." [12]

In opposition to the date of composition of 1618-19 are the conclusions of Morley and Bruerton. First of all, Bruerton establishes the possible date of composition of the second part of *Las mocedades* as 1610-15, and of the first part as 1612 (?)-18 (probably 1612-15). [13] It is the second part of *Las mocedades* which bears the closer resemblance in content to *Las almenas.* Morley and Bruerton reject the assumptions

---

[9] *Vida de Lope de Vega,* p. 162.
[10] "Observaciones preliminares," xxii.
[11] *Ibid.,* xxv.
[12] *Ibid.,* xxii. On the same page, however, Menéndez Pelayo states: "Es cierto también que se ignora todavía la fecha en que fueron compuestas y representadas las dos partes de las *Mocedades,* cuya primera edición conocida es de 1621, aunque de los mismos preliminares del libro se infiere que hubo otra anterior, que será probablemente la de 1618, citada por Ximeno (*Escritores del reino de Valencia*), de la cual hasta ahora no se ha encontrado ningún ejemplar."
[13] Courtney Bruerton, "The Chronology of the *Comedias* of Guillén de Castro," *Hispanic Review,* XII (1944), 126-128. Bruerton's contentions are based on versification. Part two may have been written before part one; the two plays had different titles in the *Primera parte* of Castro's plays in 1618: *Comedia de las mocedades del Cid* and *Segunda de las hazañas del Cid.*

PARTE CATORZE
DE LAS COMEDIAS DE
LOPE DE VEGA CARPIO, PRO-
curador Fiscal de la Camara Apostolica, y su Notario, descrito en el archiuo Romano, y
Familiar del Santo Oficio de
la Inquisicion.

*A QVIEN VAN DIRIGIDAS DIZE
la siguiente pagina.*

Año　　　　　　　　　　　1620.

CON PRIVILEGIO.
En Madrid, por Iuan de la Cuesta.

Acosta de Miguel de Syles mercader de libros. Vendense en su casa, en la calle Real de las Descalças.

PARTE CATORZE

DE LAS

COMEDIAS DE LOPE

DE VEGA CARPIO, PROCVRA-
dor Fiscal de la Camara Apostolica, y su Notario,
descrito en el archiuo Romano, y Familiar del Santo Oficio de la
Inquisicion.

A QVIEN VAN DIRIGIDAS DIZE
la siguiente pagina.

Año   1621.

CON PRIVLEGIO.

En Madrid, Por la viuda de Fernando Corrua Montenegro.

A costa de Miguel de Siles mercader de libros. Vendese en su casa, en
la calle Real de las Descalças.

based on the absence of *Las almenas* from the second *Peregrino* list and Menéndez Pelayo's opinion that Lope waited until *Las mocedades* was published in 1618.[14] Bruerton speculates that *Las mocedades* may have been published in *suelta* form before 1618.[15] He also conjectures that *Dido y Eneas* was written between 1613 and 1616.[16] In the dedication to Guillén de Castro in *Las almenas*, Lope declared that he saw *Dido* during a visit to Valencia. Rennert and Castro believe this to be his second visit to the city in 1599,[17] and this opinion is reaffirmed by Juliá Martínez.[18] Bruerton holds fast to the opinion that is was during his third visit to Valencia in 1616 that Lope saw *Dido*.[19]

Morley and Bruerton date *Las almenas de Toro* 1610-19 (probably 1610-13) on the basis of its versification.[20]

It seems logical to me that Lope had seen at least the second part of *Las mocedades* before 1616, either in print or on the stage. When he wrote the dedication of *Las almenas* before October, 1619, he flatteringly alluded to *Dido y Eneas*, which he probably saw in Valencia in 1616, to avoid any clash in his friendship with Guillén de Castro. It seems unlikely that Lope would refer to a performance of *Dido* almost twenty years after seeing it in order to do homage to its author. This would not honor a writer who was enjoying success in 1616. Castro's *Dido* was still fresh in Lope's mind, and by praising its dramatic form Lope avoided the delicate question of the Cid theme.

It can also be argued that, contrary to the opinion of Menéndez Pelayo, Lope did not attempt to avoid similarities with *Las mocedades*. The fact that both playwrights happened to write works involving the same characters seems a matter of coincidence brought about by the popularity of the *Romancero*, which both used as source material.

---

[14] "Did Lope have to wait until Castro's plays were published to become acquainted with a famous play by author with whom he was on terms of 'buena amistad'? We do not think so." *The Chronology of Lope de Vega's Comedias* (New York, 1940), p. 165.

[15] "Chronology of the *Comedias* of Guillén de Castro," 91-94. Ticknor, in his *History of Spanish Literature* (New York, 1849), II, 284, mentions an edition of the first part of Guillén de Castro's *comedias* published in 1614, but there are no copies to substantiate his statement.

[16] "Chronology of the *Comedias* of Guillén de Castro," 118-121.

[17] *Vida de Lope de Vega*, p. 269.

[18] *Obras de Gullién de Castro*, ed. E. Juliá Martínez (Madrid, 1925), I, x-xi, lxii-lxviii.

[19] "Chronology of the *Comedias* of Guillén de Castro," 118-121.

[20] *The Chronology of Lope de Vega's Comedias*, p. 165.

The Cid's appearance in *Las almenas* is really a concession to the *romances* which treat the period. Castro, although belonging to the school of Lope, could not easily be confused with Lope regarding dramatic composition. Castro's interest in psychological treatment led him to focus attention on the hero and his virtues as an exemplary knight.[21] Lope, who preferred swift action to character development, employs an complex and varied plot emphasizing the conflict between Sancho and Elvira. In *Las almenas,* the dramatic role of the Cid is quite insignificant and never draws our attention from the main characters.

Previous attempts to date the play do not take into account the clues with the manuscript gives us. The invocation to the Immaculate Conception, as previously indicated, was used on Lope autographs between 1615 and 1625. Assuming that the invocation found on the manuscript of *Las almenas* was copied from the autograph or a copy of the autograph, 1615 is the earliest possible date of composition. We conclude, then, that Lope wrote the play between 1615 and 1619, the date of the *Privilegio*.

4. THE PLOT AND VERSIFICATION

ACT ONE

At the Gates of Toro

1. *1-175 Quintillas*

Sancho II, the Cid, Count Pedro Ansures, and their forces arrive at the gates of Toro and find them closed. Sancho justifies his motives for laying siege to the city, alleging that the kingdom of León and Castile must be kept intact. He sends the Cid to negotiate a settlement with Elvira.

---

[21] It is true, as H. Mérimée points out (*L'art dramatique à Valencia* [Toulouse, 1913], p. 564), that the Cid is not the main character in the second part of *Las mocedades*. Our attention goes from one personage to another. Nevertheless, the Cid's virtues (individuality, wisdom, justice) are essential to the development of the action of both parts.

In Toro

2. 176-511 *Redondillas*

Elvira sends Diego Ordóñez back to Zamora for reinforcements. Outside the walls, Diego encounters the Cid. The two almost engage in a duel, but they finally recognize each other and part as friends. The Cid then speaks with Elvira, but no settlement is reached.

Sancho's Camp at Toro

3. 512-671 *Romance e-a*

Sancho sees Elvira on the battlement (almenas) and unaware of her identity, falls in love with her. When told that she is his sister, he orders his crossbowman to shoot her. After the king has left, the Cid warns them to disregard the order or face him.

Don Vela's Farm near Toro

4. 672-723 *Canción (abCabC: cdeeDfF)*

Don Vela delivers a eulogistic apostrophe on the beauty of the Duero valley and the virtues of the simple life.

724-727 Seguidilla
Several peasants enter singing a popular song.

5. 728-831 *Redondillas*

Henry of Burgundy enters dressed as a pilgrim. He has been attacked and wounded on his way to Santiago de Compostela. He tells the peasants he is an unfortunate peasant, and they decide to take him in.

Sancho's Camp at Toro

6. 832-887 *Redondillas*

Sancho is perplexed about Elvira. Vellido Dolfos enters and proposes a plan take the city by luring Elvira outside the city for a conference and then capturing her.

7. 888-1029   Romance o-o

Ansures fails to attract Elvira to a conference outside the walls. Sancho's forces attack the city, but are driven off.

ACT TWO

Don Vela's Farm

1. 1030-1209   Redondillas

Sancha and Suero wonder about Ramiro's (Henry of Burgundy's assumed name) identity. Sancha shows signs of falling in love with the new arrival.

1210-1223   Soneto

Sancha admits she is in love with Ramiro.

Outside the Walls at Toro

2. 1224-1367   Redondillas

Vellido convinces Sancho that he is the only person capable of taking Toro. He attacks the Cid, saying that he is too fond of Elvira to be counted on. Sancho defends the Cid, but agrees to confide in Vellido's plan.

On the Battlements of Toro

3. 1368-1389   Romance i-a

(a) On the battlement, two guards attempt to stay awake by singing.

1390-1399   Canción

The popular «Velador» song is sung by the guards.

1400-1467   Redondillas

(b) Vellido arrives with troops announcing that he is Diego Ordóñez from Zamora with reinforcements. Nuño Velázquez and Elvira believe him and have the gates opened.

1468-1492   Endecasílabos sueltos

(c) The gates are opened and the city falls to Vellido and Sancho.

INTRODUCTION 23

Don Vela's Farm

4. *1493-1624 Redondillas*

(a) Ramiro and Suero engage in a discussion on the nature of love. Sancha announces that lunch is ready.

1625-1638 Soneto

Sancha soliloquizes on the mixed emotions of being in love.

1639-1778 Redondillas

(b) Elvira arrives and tells Sancha that she is a peasant girl who has been abducted by a rich man. They were attacked by Sancho's forces who killed her abducter. She now seeks asylum at the farm. Sancha agrees to help her.

In Toro

5. *1779-1842 Octavas Reales*

Sancho is displeased with the manner in which he captured Toro from Elvira. Vellido is angry because he sees Sancho has no intention of keeping his promise of marrying him to Elvira. He expresses his intentions of helping Urraca in Zamora.

Don Vela's Farm

6. *1843-1968 Romance i-o*

Don Vela has fallen in love with Pascuala (Elvira's assumed name). Elvira and Henry of Burgundy engage in a series of wordplays regarding each one's true identity.

ACT THREE

Don Vela's Farm

1. *1969-2216 Redondillas*

Sancha and Elvira (Pascuala) argue over who is better suited to love Ramiro (Enrique, or Henry of Burgundy). Sancho, the Cid, and Count Ansures stop off on their way to Zamora. Don Vela and Suero discuss the beneficial and adverse effects of love in old men. Sancha suspects that Pascuala and Ramiro love one another.

2. 2217-2374 *Romance a-a*

Sancha hides and hears Ramiro (Henry of Burgundy) confess his true identity to Pascuala (Elvira), who still refuses to confess hers. She continues to hint at it by means of various wordplays. Sancha comes out of hiding after Ramiro leaves and the accuses Pascuala of being a liar and a hussy.

In Zamora

3. 2375-2444 *Tercetos*

Vellido informs Urraca that he intends to defend Zamora.

Don Vela's Farm

4. 2445-2608 *Redondillas*

Sancha wants Vela to dismiss Pascuala. Don Vela tells her, however, that he is in love with her. Pascuala puts off Don Vela's offer of marriage. He says an old man cannot wait.

5. 2609-2700 *Romance e-o*

Ramiro (Henry of Burgundy) returns from Zamora and delates the events involving the death of Sancho.

2701-2752 *Tercetos*

In as aside, Elvira expresses her grief over her brother's death. Vela tells Ramiro that he knows he is a nobleman.

6. 2753-2848 *Quintillas*

Elvira and Henry embark for Toro. Don Vela and Sancha decide to pursue them.

At Toro

7. 2849-2871 *Octavas Reales*

The knights of Toro assume that Elvira is dead and want to become vassals of the new king, Alfonso.

8. 2872-2961 Romance e-o

Nuño Velázquez pleads with the knights to wait until they are sure Elvira is not alive. Elvira arrives and lauds Nuño for his fidelity. Henry of Burgundy now knows who Elvira really is.

9. 2962-3046 Quintillas

Don Vela and the other peasants arrive in Toro. Elvira triumphantly takes possession of her city.

DISTRIBUTION OF VERSE FORMS

Act One	Lines	Number of Lines
Quintillas	1-175	175
Redondillas	176-511	336
Romance e-a	512-671	160
Canción [22]	672-723	52
Seguidilla	724-727	4
Redondillas	728-887	160
Romance o-o	888-1029	142
		1029

Act Two	Lines	Number of Lines
Redondillas	1030-1209	180
Soneto	1210-1223	14
Redondillas [23]	1224-1367	144
Romance i-a	1368-1389	22
Canción [24]	1390-1399	10
Redondillas	1400-1467	68
Endecasílabos sueltos [25]	1468-1492	25
Redondillas	1493-1624	132

---

[22] *Canción* (Italianate form) is a combination of seven and eleven syllable verses with no determined rhyme scheme, but most commonly found, as it is here, as follows: abCabC: cdeeDfF.

[23] Verses 1336-1339 are *octosílabos sueltos*.

[24] This song has a combination of nine and ten syllable verses which enclose a *quintilla*, in the following order: 9, 10, 10, *quintilla* (abbaa), 10, 9. See the discussion of *versos eneasílabos* in Pedro Henríquez Ureña's *La versificación irregular en la poesía española* (Madrid, 1920), pp. 170-179.

[25] Ends in a *pareado*.

Soneto	1625-1638	14
Redondillas	1639-1778	140
Octavas reales	1779-1842	64
Romance i-o	1843-1968	126
		939

Act Three	Lines	Number of Lines
Redondillas	1969-2216	248
Romance a-a	2217-2374	158
Tercetos	2375-2440	66
—ending in a Serventesio	2441-2444	4
Redondillas	2445-2608	164
Romance e-o	2609-2700	92
Tercetos	2701-2748	48
—ending in a Serventesio	2749-2752	4
Quintillas [26]	2753-2848	96
Octavas reales [27]	2849-2871	23
Romance e-o	2872-2961	90
Quintillas	2962-3046	85
		1078

Summary

Act One		Act Two		Act Three	
Quintillas	175	Quintillas	0	Quintillas	181
Redondillas	496	Redondillas	664	Redondillas	412
Romance	302	Romance	148	Romance	340
Canción (Ita.)	52	Soneto	28	Tercetos	114
Seguidilla	4	Canción	10	Serventesios	8
	1029	Endecasílabos sueltos	25	Octavas reales	23
		Octavas reales	64		1078
			939		

---

[26] One rhyme is missing between ll. 2781-82. Ll. 2832-33 are *octosílabos sueltos*.

[27] One rhyme is missing between ll. 2871-72.

PERCENTAGE OF VERSE FORMS

Redondillas	1572	51.6 %
Romance	790	25.9 %
Quintillas	356	11.7 %
Tercetos	114	3.7 %
Octavas reales	87	2.9 %
Canción (Ita.)	52	1.7 %
Sonetos	28	.9 %
Endecasílabos sueltos	25	.9 %
Canción	10	.3 %
Serventesios	8	.3 %
Seguidillas	4	.1 %
	3046	100.0 %

Regarding the use of the various verse forms, there is no basic difference between Lope's practice in *Las almenas* and the conclusions of his general practice reached by Diego Marín in his study of the function of versification in Lope's *comedias*.[28] The *redondilla* predominates in the play, a practice observed in most of Lope's dramas. Its principal use is for factual dialogue and parts essential to the plot. The *quintilla*, the third most used verse form, is also used for factual dialogue and essential plot development, as in the opening and closing passages, and do not differ radically in their use from the *redondilla* passages. The second most used verse form is the *romance*. Its primary function is for plot development, like the *redondilla* and the *quintilla*. Much of its presence in some scenes can be accounted for by the number of popular ballads which are incorporated into the dialogue, such as "En las almenas de Toro," and several others which are used in Henry of Burgundy's *relación* of the events which concern Sancho II's siege of Zamora and his death at the hands of Vellido Dolfos. The dialogues involving the wordplay between Elvira and Henry of Burgundy are also in *romance*.

The other verse forms employed also follow Lope's common practices in other plays. *Tercetos* are used in the dramatic scene between Vellido Dolfos and Urraca (ll. 2375-2444), where the serious nature

---

[28] *Uso y función de la versificación dramática de Lope de Vega* (Valencia, 1962).

of the action demands the graver *endecasílabos*. Elvira's reaction to the news of her brother's death (ll. 2701-2752) is expressed in *tercetos*, a sign she has been restored to royalty and no longer must continue disguised as a peasant. In the same scene, Don Vela tells Ramiro that he knows he is of noble blood. *Octavas reales* appear in two passages, both involving matters of state: in the second act, where Sancho and Vellido argue over the King's promise to marry Elvira to the traitor, and in the third act where the knights of Toro pledge their allegiance to the new king, Alfonso. The *soneto* occurs twice in soliloquies delivered by the lovesick Sancha. Other meters in the play have a variety of uses and offer no unusual characteristics.

From the preceding it can be noted that the manner and tone of the action is, at least partially, provided by the versification. The long stretches of *redondillas* and *romances* carry most of the basic action and dialogue of the play. The more lyric and "change of mood" passages usually are expressed in the longer *endecasílabo* strophes and in the *Canción*, which combines seven and eleven syllable lines. In two instances, Lope changes the strophe within a scene for purposes of altering the mood from a less to a more intensely dramatic one: in ll. 1400-1467, *redondillas* are used to dramatize Vellido's arrival with his troops at the gates of Toro and his deceiving of Elvira and Nuño Velázquez into believing he is Diego Ordóñez. The following lines, ll. 1468-1492, are *endecasílabos sueltos*, which intensify the mood as the gates are opened and the city is taken. In the third act, Henry of Burgundy delivers his *relación* about Zamora in *Romances* (ll. 2609-2700). Without a change of scene, Elvira and others react in *tercetos*, (ll. 2701-2752), carrying us to a higher dramatic plane. Except for these examples, Lope changes the form of versification only according to a change of scene or the type of dialogue and action.

5. The Historical Setting of the Play

Fewer periods of Spanish history are more crucial to the development of modern Spain than the eleventh century. With the death of the great Moorish chieftain, Almanzor, around 1002, the Muslim domination of the Iberian peninsula began to ebb. The incipient superiority of Christian arms was first witnessed in Sancho García's daring capture and sacking of Córdoba in 1009. Fernando I, the first king of Castile,

(1035-1065), by force of arms and political alliance made his kingdom the most powerful of Spain and Portugal. Among his achievements was to push the boundary between Christian and Moor farther south to the Mondego, and his military victories at Valencia, Badajoz and Coimbra were sufficient to establish his dominion over a large area and to impose on the vanquished Moorish states their own system of tributes, or *parias*. When Fernando died, he committed the mistake of dividing his kingdom among his three sons. His oldest son, Sancho, received Castile. His second son, Alfonso, took León. A third son, García, was given Galicia and the small territory of Portugal. The two daughters, Elvira and Urraca, historically were not included in the inheritance of political realms. Sancho was very displeased by his father's division, because he felt that, as Gothic law stipulated, only the first son was heir to the kingdom by *mayorazgo* (primogeniture). He was doubly offended because Alfonso received the more highly prized León. The *Primera crónica general* vividly describes his wrath. As kings, Alfonso and Sancho agreed to settle their differences by armed conflict. In their first encounter Sancho defeated Alfonso's forces in the plains of Llantada on the Pisuerga river (1068). Later, at Golpereja, Alfonso was again defeated and this time taken prisoner. After confinement in Burgos, early in 1072, Alfonso was permitted to live in exile in Toledo, then ruled by a Moorish friend, Mamúd.

In October, 1072, Sancho and his forces made their way to Toro, supposedly ruled by Elvira. The city apparently fell without much of a struggle. Sancho then headed for Zamora where Urraca lived. It had been rumored that she was in communication which Alfonso and that together they were plotting against Sancho. Sancho found Zamora well fortified, and after attacking unsuccessfully with a heavy toll of casualties, began to lay siege to the city. On October 7, 1072, a crafty Leonés named Vellido Dolfos stole into the Castilian camp and stabbed Sancho to death. In spite of the efforts of Rodrigo Díaz, the Cid, and other vassals of Sancho, Vellido escaped and reentered Zamora. As the legitimate heir of his brother, Alfonso then became king of León and Castile.

6. THE SOURCES FOR THE PLOT AND HISTORICAL CHARACTERS

Lope drew his materials for *Las almenas de Toro* from the *Primera crónica general* and the *Romancero*. He used the chronicle source primarily for historical background; his debt to the *Romancero* consists chiefly of elements of the plot and many of the verses. According to the chronicle, Sancho II of Castile, after successfully overthrowing his brother, Alfonso, the King of León, plotted to depose his sisters, Elvira in Toro and Urraca in Zamora. The chronicle states that Sancho took Toro from Elvira, but it does not mention any attack or siege. However, it does describe Sancho's siege of Zamora, following a winter spent in Burgos, his death at the hands of Vellido Dolfos, and the challenge of Zamora by Diego Ordóñez for its guilt in the death of the king. This episode from the chronicle is based on the lost *Cantar de Sancho II* and incorrectly states that Fernando willed Toro to Elvira and that Sancho took the city from her. As Menéndez Pidal has shown in *La España del Cid*,[29] it is a matter of historical record that Elvira and Urraca were given only the jurisdiction of the monasteries (*infantadgo*) of the kingdoms of Galicia, León and Castile.

The main events narrated in the chronicle are also dramatized in the ballads. The most important of these is the ballad which gave the play its name and which provided one of its most beautiful scenes. "En las almenas de Toro" was first published in Timoneda's *Rosa Española* in 1573.[30] A comparison of the original ballad and the one used by Lope is the following:

In Las almenas de Toro:

Por las almenas de Toro,
Se pasea una doncella,
Pero dijera mejor

In the ballad:

En las almenas de Toro,
Allí estaba una doncella,
Vestida de negros paños

---

[29] 5th ed. (Madrid, 1956), I, 140-141.
[30] See *BAE*, X (Durán Collection), No. 816. This *Romance* has been considered *tradicional* by most critics. Menéndez Pelayo (*Acad.* VIII, xxiii) believed that Lope either had a version in his hand that was different from the one published by Timoneda or was familiar with the subject and composed his own. Regarding Lope's use of the ballads, I have drawn from Menéndez Pelayo's analysis in *Acad.* VIII and Jerome Moore, *The Romancero in the Chronicle-Legend Plays of Lope de Vega* (Philadelphia, 1940), pp. 114-125.

Que el mismo sol se pasea...
Blanca es y colorada,
Reluce como una estrella.
Si es estrella, es la de Venus
Que es de los amores reina...
Si es hija de duque o conde,
Yo me casaré con ella
De buena gana, vasallos,
Y haréla en Castilla reina.
Carroza le haré de plata,
De blanco marfil las ruedas,
Estribos y asientos de oro,
Y la cubierta de tela.
Los caballos que la lleven,
Las crines riças que peinan,
Cubrirán lazos de nácar,
Y ellas besarán la tierra.
Haréla el más rico estrado
Que moro o cristiano tenga,
Donde no se echen de ver
Con los diamantes las sedas.
Haré que Elvira y Urraca,
Juntas de rodillas vengan
A servirla, y que el cojín
Le lleve Alfonso a la iglesia.
Mas, si por dicha, si ya
Que esto puede ser que sea,
Es hija de un labrador,
Tendréla por mi manceba.
Haré que por celosías
Mire las públicas fiestas,
Juegos de cañas y toros,
Torneos, justas, libreas;
Iremos los dos a caza
Por los montes y florestas;
Gavilán que lleve en mano
De oro tendrá las pihuelas.
Si de ella tuviere hijos,
Haré que el mayor posea,
Como juro de heredad,
A Carrión y a Palencia.
Los demás no irán quejosos,
Que yo casaré las hembras,
Y haré obispos los barones
De Burgos y Compostela.
—Dejad, el buen Rey don Sancho,
De hablar palabras como ésas,

Reluciente como estrella:
Pasara el Rey Alonso,
Namorado se había d'ella,
Dice: —si es hija de rey,
Que se casaría con ella,

Si es hija de duque
serviría por manceba—

Allí hablara el buen Cid,
Estas palabras dijera:

Que es vuestra hermana, señor,
La que veis en las almenas...
—Pues, *si ella,* Cid, *es mi her-*
  [*mana,*
¡Mal fuego se encienda en ella!
¡No tenga jamás ventura,
Pues no la tendrá por fea!
Case mal con hombre indigno,
Cuyo nacimiento venga
Desde el primero villano
Que puso arado en la tierra.
No haya subido a caballo,
Calzado bota ni espuela,
Puesto camisa de holanda,
Vestido sayo de seda.
¡Hola, ballesteros, hola!
Apercibid las ballestas...
¡Tiralde mis monteros!
[Habla el Cid]
—Todo hidalgo se detenga,
Que *al hombre que la tirare*
Antes que ponga la cuerda,
Le volaré de los hombros
Y de un revés, la cabeza.

—*Vuestra hermana es, señor,*
Vuestra hermana es aquélla.
—*Si mi hermana es,* dijo el Rey,
Fuego malo encienda en ella:

Llámenme mis ballesteros;

Tírenme sendas saetas,
Y a aquél que la errare,
Que le corten la cabeza—
Allí hablara el Cid
D'esta suerte respondiera,
—*Mas aquél que la tirare*
Pase por la misma pena.
—Ios de mis tiendas, Cid,
No quiero que estéis en ellas.
—Pláceme, respondió el Cid,
Que son viejas, y no nuevas:
Irme he yo para las mías,
Que son de brocado y seda,
Que no las gané holgando,
Ni bebiendo en la taberna;
Ganélas en las batallas
Con mi lanza y mi bandera.

Menéndez Pidal alleges that the ballad "En las almenas de Toro" repeats an old lyric theme used by the thirteenth century Galician minstrel Pedro Eanez Solaz:

> A que antr'as amenas,
> ¡Deus, como parece ben!
> Eu mirei-la das arenas,
> Des í penado me ten.
> A que vi antr'as amenas,
> ¡Deus, com'a bon semelhar!

Eu mirei-la das arenas
Des en com'me faz penar... [31]

It will be noted that Lope's version of the ballad differs considerably from the Timoneda version. In the latter, it is Alonso (Alfonso) who falls in love with Elvira, not Sancho. In addition (and perhaps a consequence of a deliberate change) Lope's version lacks the implications of the rift between Alfonso and the Cid after Sancho's murder. Lope also omits the severe reprimand of the Cid and his arrogant reply. The Cid warns the archers that they will be punished, should they shoot Elvira, *after* Sancho has left (ll. 656-571).

Lope paraphrases in several instances parts of other ballads and even uses verbatim verses from the *Romancero*. Lines 141-150, the Cid's recollection of Fernando's curse on anyone who would deprive Urraca of Zamora (Elvira of Toro in the play) is dealt with in the ballads "Morir vos queredes, padre," and "Atenta escucha las quejas." [32] Sancho sends the Cid to negotiate with Elvira (ll. 162-65) over the surrender of Toro, an action which is paralleled in the *Romancero* when the Cid is sent to see Urraca at Zamora, in the ballad "Después del lamento triste." [33]

The tender scene in which the Cid meets Elvira (ll. 416-511) recalls those ballads dealing with a similar seeting of the Cid with Urraca. [34] A reminiscence of the *Romancero* seems apparent in the play when the Cid refers to his indebtedness to Fernando I. In one ballad, the *Almenas* version has the Cid remind Elvira of this debt:

mas, crióme vuestro padre,
soy su hechura.
(ll. 508-509)

In the *Romancero*, Urraca tells the Cid:

Acordársete debría
De aquel buen tiempo pasado,
Cuando fuiste caballero
En el altar de Santiago,

---

[31] *Romancero hispánico* (Madrid, 1953), I, 237.
[32] Durán, no. 763 and 761.
[33] Durán, no. 769.
[34] Durán, nos. 768, 769 and 770.

> Cuando el Rey fue tu padrino,
> Tú, Rodrigo, el afijado. [35]

Another instance of a ballad source, which is also related by the chronicle, is one in which Vellido Dolfos informs Sancho that he can point out the door through which the Castilians may enter to capture Toro (ll. 1282-83 and Durán, no. 779). Later, when Vellido tries to prove to Sancho that Rodrigo's political ambition surpasses his love for his wife, Jimena, he recalls the strife that once existed between the Cid's father and Jimena's father. In this purely legendary episode of the *Romancero*, the Cid killed Count Lozano, Jimena's father, to avenge a slight to the honor of his aging father (ll. 1306-19). [36] Vellido also refers to Urraca's fondness (transformed into Elvira's in *Las almenas*) for the Cid in ll. 1332-40. [37]

In the third act, Enrique's long report (ll. 2616-2700) of the events of Zamora involve several of the best-known ballads of the *Romancero*. Among the epic occurrences are the warning by Arias Gonzalo to Sancho to beware of Vellido Dolfos: "Rey don Sancho, rey don Sancho, / No digas que no te aviso" [38] and "Guarte, guarte, Rey don Sancho" [39] and the challenge of the city of Zamora by Diego Ordóñez for its guilt of the murder of Sancho: "Ya cabalga Diego Ordóñez." [40]

Finally, Lope drew from the well-known ballad "Juramento llevan hecho" [41] for Nuño Velázquez's attempt to inspire loyalty in the wavering knights of Toro by recalling to them the undying allegiance of the subjects of Fernán González.

Lope altered considerably the source material for the plot and characters of *Las almenas de Toro*. Because Toro was not strategic for Sancho's plan of unification and its capture was easily made, Lope had to embellish its resistance by borrowing elements of the siege of Zamora. He concentrates our attention on an assumed clash between Sancho and Elvira. Elvira is made into a defiant heroine and displays many of the attributes found in the descriptions of her sister, Urraca. Urraca

---

[35] Durán, no. 779.
[36] Durán, no. 746.
[37] Durán, no. 774.
[38] Durán, no. 777.
[39] Durán, no. 778.
[40] Durán, no. 791.
[41] Durán, no. 699.

also appears in the play in one scene, but her role is minor. The Cid plays a secondary role and is not the bold and independent knight of the *Romancero*. He is submissive to his king, and in one scene he is a braggard. Diego Ordóñez, whom both sources extol as the loyal vassal of Sancho, is transformed into an emissary of Urraca in the first act. In the third act, he is described in a *relación* in his traditional part as Sancho's avenger.

In the Chronicle, Vellido Dolfos appears in Zamora with thirty men and offers to repulse Sancho and his besieging army.[42] By offering to be Sancho's vassal and show the king a door through which the Castilians could enter to take the city, Vellido was able to catch Sancho off guard and stab him. In *Las almenas,* Vellido is initially Sancho's vassal. The King promises to marry him to Elvira if he can provide a successful plan to capture Toro.[43] When Elvira escapes with Sancho's help, Vellido is embittered and goes to Zamora to help Urraca out of revenge.

Lope alters the historical Count of Carrión, Pedro Ansures, considerably. In the chronicle, he was known for his competence and loyalty to Alfonso. He followed his exiled king to Toledo after the defeat of the Leonese by the Castilians at Golpejera. In the play, Count Ansures is Sancho's counselor. His change of role fits the pattern of the Elvira-Urraca, Toro-Zamora substitutions and the change of Sancho for Alfonso in the ballad "En las almenas de Toro." Nuño Velázquez, Elvira's counselor in the play, is an invention of Lope, most likely drawn from the part played by Arias Gonzalo, Urraca's *ayo* at Zamora. However, he may have been suggested by a "Nunno" spoken of in the chronicle as an influencial member of Urraca's council. The reference

---

[42] On the derivation of the name *Vellido Dolfos,* see R. Menéndez Pidal, *La España del Cid,* I, 183, note 1. Also see Robert R. La Du, "The Dramatic Tradition of Bellido Dolfos," *Hispania,* XLVI (1963), 639-699. Also see note to l. 2406 of *Las almenas.*

[43] Popular tradition attributed love for Urraca as Vellido's motive for murdering Sancho. Menéndez Pelayo has shown ("Observaciones preliminares," *Acad.* VIII, xxv-xxvi) that the legend of Vellido's love for Urraca was an old one, although not found in the chronicle or in the *cantares de gesta*. According to this legend, Urraca promises to sleep with Vellido if he succeeds in lifting the siege of Zamora. After murdering Sancho, Vellido demands his reward. Uraca has Vellido tied by his hands and feet and placed in a sack. Thus tied he passes the night with Urraca, who is fully clothed. The following morning, she orders his arms and legs tied to four wild horses and the traitor dies dismembered.

to Nuño being the Cid's relative (l. 110) has no legendary or historical basis.

The role of Enrique (Henry of Burgundy) as Elvira's suitor in the rustic scenes is another alteration of history. Historically, Henry of Burgundy married Alfonso IV's illegitimate daughter Teresa and received Portugal as her dowry. It is not known when he entered Spain, but there is proof of his presence there in 1093.[44]

As seen from the preceding changes, anachronisms, and substitutions, Lope juggled his historical and popular sources considerably. As observed by many critics of the Golden Age drama,[45] Lope felt little obligation to be faithful to his sources, although in many *comedias* he made few or no substantial alterations. Lope's reasons for altering a story so well known in his time can be explained for artistic, dramatic, and even moral reasons. Lope wished to use the historical situation as a framework for lyrical expression. Jusepa Vaca was to play the role of Elvira, and her part required a broader dramatic scope than history could provide. The ballad "En las almenas de Toro" suggested the confrontation of brother and sister. The determined defiance, without the stigma of regicide and fratricide which was to befall Urraca, the motif of a noblewoman who escapes to the country to enjoy the simple life, and a love intrigue between two nobles disguised as peasants added up to an entertaining piece of drama. The Cid remains in the background for a good reason: the public had been overexposed to the Cid story in Juan de la Cueva's *La muerte de don Sancho y reto de Zamora*, in the anonymous *Hazañas del Cid y toma de Valencia*, and in two plays by Guillén de Castro.[46] Finally, the moral result of all his alterations is the same, if not better. Sancho dies as a consequence of his ambitious plan to disinherit his brothers and sisters and Alfonso succeeds him as the legitimate ruler of Castile and León. The Cid remains a loyal vassal and Elvira becomes a colorful heroine through

---

[44] See R. Menéndez Pidal, ed., *Cantar del Mío Cid* (Madrid, 1945), II, 466-468.

[45] Among others, R. del Arco y Garay, *La sociedad española en las obras dramáticas de Lope de Vega* (Madrid, 1942), p. 220; E. Juliá Martínez, "Observaciones preliminares," *Obras dramáticas de Lope de Vega* (Madrid, 1935), III, 3.

[46] See Adalbert Hämel, *Der Cid im Spanischen Drama des XVI und XVII Jahrhunderts* in *Beihefte zur Zeitschrift für Romanische Philologie*, XXV (Halle, 1910).

her feminine integrity, dramatic wit, and determination to defend her rightfully inherited city. At the end, order is restored and Elvira marries a noble French knight.

7. The Characters

The leading character of the play is Elvira, whose role was especially written by Lope for the celebrated actress, Jusepa Vaca. In view of the extremes in Elvira's behavior, first as an intrepid defender of her city, and then as a disguised peasant girl in a tender love intrigue, one may reasonably suppose that Lope created the part of Sancho's sister in order to give full scope to the histrionic range of his chosen actress as a woman of action and devastating invective in one instance and as a romantic heroine in another; as an opponent of her brother's forces when she defies him standing fast on the battlements of Toro, and as a deft player in the game of love in a rustic setting. Resolute and valiant in the war scenes; as feminine as any of Lope's heroines in the sentimental scenes, Elvira may justly take her place among the many outstanding women of Lope's theater.

The portrayal of her brother, the King, is, on the whole, quite faithful to the impression of his personality given by the poetic and historic sources. With sure strokes Lope characterizes Sancho as an ambitious monarch whose ruthlessness nevertheless he justifies in his own eyes for reasons of state: he justifies his designs against his sisters on the grounds that as powerful rulers of their cities their possible alliance with foreign princes would jeopardize the unity of the kingdom. The one aspect of Sancho which does not harmonize with his characterization as a harsh medieval ruler is his gallantry in the scenes in which he first sees the dazzlingly beautiful figure of Elvira on the battlements of Toro. His susceptible behavior and his poetic flights on these occasions would, of course, be out of place in a man of a crude epoch. This amusing side of Sancho is a typical psychological anachronism of seventeenth-century drama, a concession to the tastes of Lope's famed *vulgo,* and a modification of Sancho's crude character which the playwright probably perpetrated in order to accommodate the King's role to that of the talented Jusepa Vaca, whose seductive charms called for a romantically vulnerable object.

The role of the Cid is secondary. It would have been a mistake to allow the Cid to distract attention from his main course of dramatizing the conflict between Sancho and Elvira. As an obedient and faithful vassal Lope's Cid corresponds to the Rodrigo of the epic rather than to the smart and arrogant rebel of the *Romancero*. His own words characterize him when, at the beginning of the first act, he says to Sancho:

> Yo, señor,
> escucho lo que decís
> con el respecto y amor
> que vos, por quien sois, pedís;
> soy vasallo como beis;
> vuestro padre me crió,
> y bos me faborecéis;
> a vuestro sí y vuestro no
> obediente me tenéis.
> En las cosas de los reyes
> nunca yo pongo la mano,
> ni en sus fuerças ni en sus leyes,
> mas que si fuera un billano
> entre el arado y los bueyes.
>   (ll. 72-85)

Throughout the play the Cid is faithful to Sancho, even though he admits to Elvira that he is not in favor of attacking Toro: "Guardaos, Elvira, quel rey / no está bien aconsejado." (ll. 504-505) Nevertheless, the Cid justified himself for not opposing his king by placing loyalty above all other considerations:

> Obedecer al mayor
> y no replicar al rey,
> no sólo fue justa ley,
> pero es lealtad y es amor.
>   (ll. 288-291)

Menéndez Pelayo asserts that Lope's Cid has "algunos toques felices," but is too submissive and courtly in comparison to his figure in the *Romancero*. In our opinion, the historically authentic characterization of the Cid as the faithful vassal of the *Cantar* rather than the arrogant subject of the *Romancero* is a pleasing exception to the rule in the novelistic Cid portrayals of Lope's time. I have already discussed, in dealing with the date of *Las almenas,* Menéndez Pelayo's belief that

Lope took great care not to write a Cid play which would rival that of his friend Guillén de Castro. To conclude, the Cid is a background figure in Lope's drama; he was also a background figure in the historical action that inspired it, namely the siege of Zamora.

Lope's Vellido Dolfos is a true villain, unlike the Vellido in Juan de la Cueva's *La muerte de don Sancho y el reto de Zamora*, in which he murders Sancho in order to save Zamora, and unlike the Vellido of Guillén de Castro, who also attributes a patriotic motive to the assassin.[47]

Through don Vela and Sancha Lope extols the simplicity and peace of rustic life, one of his favorite themes. In the scenes with Elvira, alias Pascuala, don Vela plays the role of the ridiculous old man of Latin comedy in love with a young girl; but this is only a pardonable foible in the character of a Castilian hero. Sancha's character reveals Lope's skill in describing the jealousy and sorrows of unrequited love. Suero, the rustic *gracioso*, is a comical rival for the favor of Sancha, and the admonisher of the infatuated don Vela:

> El verdadero casarte
> es comer lindas perdiçes
> y beuer el uino añejo,
> porque es labrar sepultura,
> quando por uana hermosura
> se casa un viejo.
>   (ll. 2135-40)

---

[47] Cf.: *Sale Bellido de Olfos, solo.*
BELLIDO: ¡Ay, Zamora desdichada!
¡Ay, patria amada y querida
injustamente perdida
y dignamente adorada!
Extraña resolución
encamina mi esperanza;
si es venganza, no hay venganza
sin asomos de traición.
Aunque tenga el fin funesto
la intención que traigo agora,
la libertad de Zamora
gallardamente he dispuesto...
Algún impulso divino
de fuego a mi pensamiento;
del cielo soy instrumento;
aunque malo, peregrino.

(*Las mocedades del Cid, segunda parte* [*Obras de Guillén de Castro*], ed. cit., II, 218).

In *Las almenas* the double disguise of Elvira and Enrique produces an ironical situation in which the two nobles, posing as peasants, fall in love, believing each other to be of humble station. Only at the end of the third act does Elvira reveal her true identity.

8. THE STYLE

In *Las almenas de Toro* there is a mixture of popular poetry, lyric verses, baroque word play, and the burlesque tone of Lope's *La gatomaquia*. The most important element of the style is the use of the ballads as an integral part of the dialogue. Lope paraphrased verses from the *Romancero*, for the most part; he borrowed others in their original form. It should be remembered that Lope was a competent writer of *romances* and contributed to the *romanceros* of his day. Two *cantarcillos* are also included in the play: "Por aquí daréis la vuelta," and "Velador que el castillo velas," which are examples of early lyric forms of a popular nature.[48]

The play abounds in many examples of Renaissance lyric poetry, which in spite of their artistic form, do not fail to harmonize with the popularly inspired parts, as in the following apostrophe of the plains of Toro:

> ... bega de Toro hermosa
> que haces competencia
> no sólo con Palencia
> y a la orilla del Betis generosa
> de fértiles trofeos,
> mas a los campos célebres ybleos;
> aquí, dondesta cassa,
> solar de mis abuelos,

---

[48] Menéndez Pidal in "La primitiva poesía española," *Estudios literarios* (Madrid, 1925), pp. 342-343, has lauded this device as an invaluable source of preserving the popular forms of poetry. He asserts: "Sin el opulento teatro de Lope no conoceríamos la lírica tradicional en toda aquella extensión que le hemos señalado como característica; no tendríamos idea de su gran variedad en cantos de fiesta y de trabajo, de alegría y de dolor, o de devoción religiosa. Y Lope no sólo nos da multitud de esos cantos, sino que como ningún poeta dramático, nos transmite la vida misma que nos producía el modo de corearlos y el estrépito y algazara de las fiestas en medio de las cuales la poesía brotaba."

las jambas cubre de despojos moros,
por donde alegre pasa
Duero, que quiebre yelos,
y cuyas ninfas ban cantando a coros...
(ll. 679-690)

The soliloquies of Sancha, two of which are sonnets, are the best lyric passages in the play, as in the following lines:

El agua que corrió de clara fuente
por cristalino surco al berde prado
detiene el labrador, porgue el sembrado
acuda con más próspera corriente.
(ll. 1210-1213)

No sé qué tengo, o dulce pensamiento,
que en un instante mismo lloro y río;
solicito lo mismo que desbío,
y tengo en el temor atrevimiento.
(ll. 1625-1628)

Lope interwove ballad lines in the running dialogue in the war scenes; he also introduced lyric figures in the dialogue of the rustic scenes, such as when Sancha tells Sol:

Aquí quiero aguardarte,
hurtando flores al prado.
(ll. 1729-1730)

and in Elvira's words to Sancha:

Allí, junto a aquella fuente,
podremos mejor estar,
aunque, pues, e de llorar,
no es menester su corriente.
(ll. 1771-1774)

As in many of his plays, Lope cannot, in *Las almenas*, resist the opportunity to indulge in extended wordplay, especially in connection with the word *toro* to refer to bulls in general, to a bull in the ring, to the city of Toro, to Zeus (who converted himself into a bull in order to seduce Europa), to Taurus, the second sign of the Zodiac, and with the word *león* to refer to the animal and the province. *Toro* is the clue to Elvira's true identity in her conversation with Enrique while she is disguised as Pascuala.

The most glaring stylistic anachronism is found in certain of the speeches of Sancho. The harsh medieval king on occasion holds forth like a courtly gallant of the seventeenth century:

> ¿Quién como la be, la oyera?
> que tal bez en cuerpos vellos
> suele aber almas de piedra,
> y en los feos vellas almas.
>
> (ll. 557-560)

and

> Désta que miro en el muro
> digo que la sutileça
> con que allá la astroloxía
> pinta figuras diuersas,
> en el manto açul del cielo,
> me a hecho agora que crea
> que muchas ymaginadas
> deben de ser berdaderas.
> Si a Andrómeda y a Ariana
> pintan de barias estrellas,
> ésta será alguna, conde.
>
> (ll. 580-590)

The scene in the second act which deals with the burlesque antics of carousing cats is worth reading as an antecedent of Lope's comic style in *La gatomaquia*. Here Suero derides Enrique's theory that animals are capable of love by referring to the romantic characterization of cats. A long narration ensues in which Suero describes how cats court their loves by fighting gallantly on a housetop, a dispute which terminates when all of the suitors fall to the street.

> ... comiénçase una quistión
> que suele durar un día;
> la lengua es algarabía,
> celos y amor la ocasión.
>   No ay quien en la paz se halle,
> no ay quien los benga a prender,
> y pára todo en caer
> desde el tejado a la calle.
>
> (ll. 1597-1604)

The same theme is treated humorously in *La gatomaquia*, a long burlesque poem written by Lope in *silvas* and first published in 1634 under the pseudonym of Tomé de Burguillos. Some passages show a striking resemblance:

> Aman los perros, las monas,
> los machos y los rocines,
> y suspiran por sus fines,
> como si fueran personas;
> mas todo es poco, ygualado
> al tierno y gruñido amor
> de un gato maullador
> por enero en un tejado.
>
> (*Las almenas*, ll. 1565-72)

> La fiera, el ave, el pez, en su elemento,
> Todos aman y quieren
> Por la razón de bien lo que es amable,
> Pues aman lo que es sólo vegetable,
> Si de ningún sentido el bien infieren.
> Entre las cosas que por él adquieren
> Algún conocimiento
> (Perdonan cuantas aves y animales
> De su distinto gozan elemento),
> Ningunas son iguales
> En amor a los gatos,
> Exceptuando las monas,
> Que hasta en eso se precian de personas.
>
> (*La gatomaquia*, ed. F. Rodríguez Marín [Madrid, 1935], silva IV, pp. 41-42)

Rodríguez Marín cites the narration of Suero as the ancestor of the long poem. He remarks (p. xlix):

> De estas deliciosas redondillas [de *Las almenas*] a algunos de los pasajes de *La gatomaquia* sólo hay un paso, como echará de ver el menos lince. Ya en ellos —al par que se advierte la reminiscencia de la *saya* [cf. l. 1587 of *Las almenas*] que figura en la formulilla onomatopéyica lusitana, también española probablemente hace tres siglos, y el vestir colorau o zagalejo de la española— están patentemente bosquejados los pasos declaratorios del galán Marramaquiz y los melindres de la coquetuela Zapaguilda en la silva primera, y la caída a la calle, en la segunda, de las dos gatas, y el encuentro y subsiguiente riña, en la tercera, de los gatos rivales, que, allí como aquí, se insultan llamándose *fulleros* [cf. l. 1594 of *Las almenas*].

9. "Las Almenas" as a Tragicomedy

Because of Lope's comments in the dedication of *Las almenas de Toro* to Guillén de Castro (*Parte XIV*, 1620), we have considered it appropriate to add a note on *tragicomedy* as it was known in Lope's time.

The sixteenth-century Italian critics,[49] in their attempt to classify all drama as either tragedy or comedy according to Aristotle's *Poetics*, realized that often comic and serious elements were mixed in a play. Tragicomedy as a genre was not recognized by ancient critics and dramatists, although some of the former observed the mixture of the serious and the comic in previous and contemporary writers.

The term *tragicomedy* is traced to Plautus's *Amphitryon*.[50] It first appears in the Renaissance in the *Fernandus Servatus* (1493-94) by Carolus and Marcellinus Verardus, and shortly after in the third edition of the *Celestina* (1502).[51] The most suggestive basis for a theory of tragicomedy was Horace's admission, in the *Art of Poetry*, that sometimes a play may mix comic and tragic styles. Horace also regarded the ancient satyr-play (which involved mythological characters, nymphs, and a chorus of satyrs) as connected with tragedy, but free to admit mirth. For most sixteenth-century critics, such as Robortellus, the satyric play was a form of tragedy. Minturno, in *De Poeta* (1559), thought that since there was a *tragica satyra* there was also a *comica satyra*, which had been lost. Another critic, Giraldi Cinthio, inferred that satyric drama was a forerunner of both comedy and tragedy, and therefore was neither one or the other. In his own plays, Cinthio avoided the term *tragicomedy*. He preferred the term *mixed tragedy*, because of the Aristotelian "plot of double issue," that is, the good characters are rewarded and the bad punished.[52] Guarini disagreed with Cinthio and gave happy endings to his pastoral tragi-

---

[49] The following remarks on *tragicomedy* have been taken principally from Marvin T. Herrick's excellent study, *Tragicomedy, Its Origin and Development in Italy, France and England* (Urbana, 1955).

[50] Herrick, p. 1.

[51] For the use of the term in sixteenth-century Spain, see Raymond Grismer, *The Influence of Plautus in Spain before Lope de Vega* (New York, 1944), pp. 105-107.

[52] Herrick, p. 67.

comedies. That tragicomedy was a genre was also disputed in Spain. Spanish criticism, however, developed to a great degree in the wake of the Italian accomplishments. [53] Although tragicomedy was never successfully defined, it usually means a mixture of comic and tragic styles. As an apt spokesman of the Spanish theater of his time, Ricardo de Turia (*Apologético de las comedias españolas*, 1616) inclined to call all Spanish plays *tragicomedias*. [54]

As we have observed in *Las almenas de Toro*, the play blends serious and comic elements. The argument basically deals with Sancho's plot against Elvira, with the treachery of Vellido Dolfos and his assassination of the Castilian king. This serious action is mixed with a secondary action of a sentimental sort which is seasoned with a good deal of humor and which ends happily. In the dedication of the play to Guillén de Castro, Lope states:

> Gran lugar se deue al trágico, grande le tiene V. M. con los que saben que a la tragedia no se puede atreuer toda pluma, y al humilde estilo de la comedia se da licencia (donde el bárbaro vulgo la tiene para mayor aplauso) a qualquiera de los que juntan consonantes en quentos imposibles. Obligado estaua yo a dirigir a V. M. tragedia, auiendo de imitarle, y abonar esta verdad con el exemplo: pero como en esta historia del Rey don Sancho, entra su persona y las demás que son dignas de la tragedia, por la costumbre de España, que tiene ya mezcladas, contra el arte, las personas y los estilos, no está lexos el que tiene, por algunas partes, de la grandeza referida, de cuya variedad tomó principio la tragicomedia.

Lope definitely asserts in this passage that *Las almenas* is not a tragedy, although some of its characters are worthy of it. He also alludes to the style of the play, saying that in some places there is tragic style. Finally, Lope remarks that the Spanish playwrights of his day have the custom of mixing the various characters and styles and that the result is tragicomedy. This passage implies that Lope did not intend to write a tragedy. Some of the elements, such as some of the characters and certain passages, are tragic. Nevertheless, the mixture of all the elements in the play classify it as a tragicomedy.

---

[53] See Menéndez Pelayo, *Historia de las ideas estéticas en España* (Buenos Aires, 1943), II (Siglos XVI y XVII), 205-359.

[54] See F. Sánchez Escribano and A. Porqueras Mayo, *Preceptiva dramática española* (Madrid, 1965), pp. 147-153.

Lope used the terms *tragicomedia* and *tragedia* throughout his career. Edwin S. Morby in "Some Observations on *Tragedia* and *Tragicomedia* in Lope," [55] adduces the above passage quoted from the dedication of *Las almenas* as proof that Lope distinguished between the two genres. Morby finds that a Lope tragicomedy is a "blending of tragic and comic ingredients, while a *tragedia* merely superimposes the latter on the former, of which all must remain intact." [56] He also adds that epic subjets were usually tragicomedies because they had more breadth and less intensive unity than the tragedies. [57] This judgment is supported by Diego Marín: "... mientras la tragicomedia tiende a mantener un poco más clara la separación de la intriga secundaria, la tragedia prefiere integrarla en una sola trama compleja," but he adds, "El hecho de que solamente un 56 por ciento de las comedias que tienen intriga secundaria sean *tragedias y tragicomedias* es en sí significativo de que Lope no distinguía los géneros desde el punto de vista de la trama, como hubiera sido lógico esperar." [58]

Las almenas de Toro, in short, is a tragicomedy, if we consider Lope's comment on the mixture of styles as a determinant of the genre.

10. A BRIEF EVALUATION

Las almenas de Toro can be ranked as one of Lope's best historical plays, although it does not stand out in that category as much as *Peribáñez, Fuenteovejuna,* and *El mejor alcalde, el Rey.* [59] Its chief virtue is the harmonious combination of historical and epic intrigue with an embellishment of the *beatus ille* motif and the burlesque dialogues in country episodes. A number of its verses achieve lyric heights. The characterization of Elvira as a virtuous and steadfast ruler is also to be considered as a strong attribute. The play will always be

---

[55] *Hispanic Review*, XI (1943), 185-209.
[56] *Ibid.*, p. 200.
[57] *Ibid.*, p. 203.
[58] *La intriga secundaria en el teatro de Lope de Vega* (México, 1958), p. 25.
[59] Frederich Bouterwek in his *History of Spanish and Portuguese Literature,* trans. Thomasina Ross (London, 1823), I, 369, considered *Las almenas* one of the best productions of its class and used it as an illustration of Lope's historical dramas.

remembered as Lope's only use of the national hero, Rodrigo Díaz de Vivar, the Cid, as a personage in a play, even though his role is secondary. Menéndez Pelayo's evaluation is terse: "Esta comedia es agradable, aunque no de las mejores de Lope." [60] Other critics have been slightly more laudatory, such as R. del Arco y Garay [61] and Angel Valbuena Prat. [62]

We agree with Hämel [63] and Schaeffer [64] that the first act is superior. Its dramatic unity, powerful dialogue, and balance of epic and rustic scenes surpass the remaining two acts, which are unduly dominated by love intrigue and disguise. Nevertheless, many of the passages of the second and third acts give rise to moments of great dramatic wit and invention. As regards to its historical accuracy, we have already mentioned Lope's desire to write an entertaining play with a poetic interpretation of the historical situation. His play is suitable to the public taste of his day, and Lope's own words from *Arte nuevo de hacer comedias* sum up that criterion:

> Sustento, en fin, lo que escribí, y conozco
> Que aunque fueran mejor, de otra manera
> No tuvieran el gusto que han tenido,
> Porque a veces lo que es contra lo justo,
> Por la misma razón deleita el gusto.

---

[60] "Observaciones preliminares," *Acad.* VIII, xxvi.

[61] *La Sociedad española en las obras dramáticas de Lope de Vega* (Madrid, 1942), p. 220.

[62] *Historia de la literatura española* (Barcelona, 1957), II, 306, 326, 358.

[63] "Der erste Akt ist in jeder Hinsicht ein Meisterstück. Die Handlung ist folgerichtig aufgebaut, erweckt das Interesse des Lesers wie Hörers in gleicher Weise. Keine überflüssige Szene stört den Gang der Ereignisse. Im zweiten und dritten Akte hebt sich die Handlung durch den often Szenenwechsel nicht mehr so klar ab, manche Szenen hätten hier unbedenklich gestrichen werden dürfen." *Der Cid im Spanischen Drama des XVI und XVII Jahrhunderts*, p. 43.

[64] "So dürfen wir uns etwa die Composition *Las almenas de Toro* vorstellen, ein Stück, dessen erster Act zu seinen besten Productionen gehört, während die übrigen Acte stark dagegen abfallen." *Geschichte des Spanischen Nationaldramas* (Leipzig, 1890), I, 81.

TEXT OF

LAS ALMENAS DE TORO

PRELIMINARY NOTE TO THE TEXT

The following manuscript has been reproduced according to the *Norma de transcripción de textos y advertencias* of Romera-Navarro, published in Jerome Greer's critical edition of Lope de Vega's *El piadoso aragonés* (Austin, 1951). I have deviated from this set of rules only in the following respect: variants in stage directions are numbered (1), (2), etc.

The variants from the printed editions and the manuscript corrections are indicated at the foot of the page. *MS.* stands for the manuscript; *A* for the 1620 edition, *B* for the 1621 edition; and *C* for the Academy edition (1897). Where a variant occurs in more than one edition, the spelling of the oldest edition is listed.

LAS ALMENAS DE TORO

Comedia en 3 actos, de Lope de Vega

[fol. 2r.]

Almenas de Toro
1.º
Orijinal

12

Las Almenas de toro de Lope de Vega
Acto Primero

Salen El Rey don Sancho El conde Ansures y el Cid. y vn diaB

D. san.°	A mi me cierran la puerta
Ansu.	tiene muy justo temor
cid.	con ser muy significa cierta
Ansu.	De que te quejas señor
	si no te la tenga abierta
	Dicen que en el dios quea dios
	Jura seguir a vu gar
	si no guardar el gr del oro
	a doña Vrraca a çamora
	y a elbira su hermana a toro
	Pues si muerto el rey fernando
	primero rey de Castilla
	que ya en el cielo reynando
	por su eterno cetro y silla
	dejo la mortal de Zando
	No es quien a de amparallas
	pues ya otro padre no tienen
	y quieres de se te dallas
	que mucho si yas no bienen
	y a defenderlos sus murallas
D. san.°	Con de Ansures fiel Jues
	gusto de mi padre fue
	y guarde respeto a su muerte
	mas muerto el rey de ssa suerte
co.ᵉ	Jure cumplir

PLATE III

LAS ALMENAS DE TORO
COMEDIA FAMOSA
DE LOPE DE VEGA
CARPIO

DIRIGIDA

A don Guillén de Castro, Cauallero Valenciano.

    Al ingenio de V. M. se debían grandes elogios, y de los mejores de Castilla, pues con tanta felicidad ha honrado nuestra lengua con sus escritos, con que ha obligado a quantos nacimos en ella, y en cuyo nombre sirue de oración este humilde reconocimiento. Entre las tragedias que V. M. tan ingeniosamente ha escrito, para lo que tiene genio particular (como estilo superior y digno de mayores sentencias y pensamientos) es la *Dido*, celebradíssima, a quien el día que yo la oí en essa illustríssima ciudad hize este epigrama:

    Fenisa Dido, que en el mar Sydonio
las rocas excediste conquistada,
y en limpia castidad, jamás violada,
conseruaste la fe del matrimonio:
    perdona el atreuido testimonio,
no por ser de Virgilio celebrada,
mas porque ya de don Guillén honrada,
rompe su enojo, y su epigrama Ausonio.
    La diosa que en la mar nació de espuma
adore por sus versos tu belleza,
pues te leuantan a grandeza suma;
    rinde a su dulce ingenio tu aspereza:
que más gana tu fama con su pluma,
que pierde en ser burlada tu firmeza.

---

8 illustríssima]   *B C* ilustrissima

La comedia imita las humildes acciones de los hombres, como siente Aristóteles, y Robertelio Vtinense comentándole: *At vero tragedia praestantiores imitatur;* de donde se sigue clara la grandeza y superioridad del estilo, aunque por su antigüedad, tan reñida de los de Athenas con los megarenses, aspire al lugar primero, que no le concede Donato sobre Terencio, y honrando deste título a Epicharmo; género, en fin, jocoso, que admitía las fábulas como Aristóphanes en la comedia antigua, de quien se reía Socrates, y corrigió Menandro; y sus sátiras prohibidas por ley de Roma, de que haze memoria Horacio en vna carta a Augusto, sin las obscenidades de los *Mimos,* que Tulio reprehende, cuyos efectos halla tan indignos de los oradores doctos. Gran lugar se deue al trágico, grande le tiene V. M. con los que saben que a la tragedia no se puede atreuer toda pluma, y al humilde estilo de la comedia se da licencia (donde el bárbaro vulgo la tiene para mayor aplauso) a qualquiera de los que juntan consonantes en quentos imposibles. Obligado estaua yo a dirigir a V. M. tragedia, auiendo de imitarle, y abonar esta verdad con el exemplo; pero como en esta historia del Rey don Sancho, entra su persona y las demás que son dignas de la tragedia, por la costumbre de España, que tiene ya mezcladas, contra el arte, las personas y los estilos, no está lexos el que tiene, por algunas partes, de la grandeza referida, de cuya variedad tomó principio la tragicomedia. ¡Oh gran fuerça de la nouedad! Pues ya en Italia, a esta mezcla de estilos se añadió otro, si bien en la comedia estuuo siempre incluso, pues en su lengua anda vna impressa con este título:

Tragisatyricomedia,

que fuera, como se ve, notable a no estar la sátira desde el tiempo de griegos y romanos en la comedia. Finalmente, he querido que salga a luz con el nombre de V. M., pues la sabrá defender y honrar, y en reconocimiento de mi amor y obligación, y de que desseo (assí las musas me tengan en su gracia) que estos rudos versos míos passen a la sombra de los suyos, siglos, embidias, passiones de los que saben y atreuimientos de los que ignoran, Dios guarde a V. M.

                    Su Capellán,
                    Lope de Vega Carpio.

27 entra]   C   entre

FIGVRAS DE LA COMEDIA

Rey don Sancho.
El Cid Ruidiaz.
El Conde Ançures.
D. Diego Ordóñez.
D. Nuño Velázquez.
Bellido Dolfos.
D. Enrique.
Don Pedro.
Don Iñigo.
Silo.

Doña Eluira Infanta.
Doña Sancha.
Don Vela.
Suero.
Tello.
Nuño.
Sol labradora.
Soldados.
Ordoño.
Doña Vrraca.

Representóla Morales, y hizo la gallarda Iusepa Baca à doña Eluira.

[fol. 3r.]

LAS ALMENAS DE TORO DE LOPE DE VEGA

Acto Primero

Salen el Rey don Sancho, el Conde Ançures, y el Cid Rui Díaz [1]

Don Sancho.	¿A mí me cierra la puerta?
Ançures.	Tiene muy justo temor.
Cid.	Con ser mujer se concierta.
Ançures.	¿De qué te quejas señor,

que no te la tenga abierta?   5
    Dicen que en el Dios que adoro
juraste quitar agora,
sin guardarles el decoro,
a doña Hurraca a Çamora
y a Elbira, tu hermana, a Toro.   10
    Pues, si muerto el Rey Fernando
Primero, rey de Castilla,
que está en el cielo reynando
por eterno ceptro y silla,
la silla mortal dejando,   15
    eres quien a de amparallas;
pues ya otro padre no tienen,
y quieres deseredallas,

---

[1] *A B C Salen el Rey D. Sancho, el Cid Ruy Díaz, y el Conde Ançures.*

1 cierra] *MS*. cierran (the "n" is deleted)   4 De qué te quejas] *A B C* De qué te espantas   12 Primero, rey] *A B C* el primero   16 a de] *A B C* as de   17 pues ya otro] *A B C* pues otro

	¿qué mucho si se prebienen	
	a defender sus murallas?	20
DON SANCHO.	Conde Ançures, si juré,	
	gusto de mi padre fue.	
	Guardé respeto a su muerte;	
	mas, muerto el rey, ¿de qué suerte	
	lo que juré cumpliré?	25
	Muy poco sauéis de estado, [*fol. 3v*]	
	Conde; ¿vos no echáis de ber	
	que en el reino que [he] eredado	
	tiene una y otra mujer	
	lo más fuerte y bien cercado?	30
	Y ¿qué sé yo lo que arán	
	Elbira y Hurraca agora?	
	Diréis que se casarán	
	y queste Toro y Çamora	
	defensa a las dos serán.	35
	Diréis bien, mas si el marido	
	de qualquiera de las dos	
	es tan loco y atrebido,	
	lo que no permita Dios,	
	y a tantos a sucedido,	40
	que, con ambición de ser	
	rey de Castilla, lebanta	
	contra el mío su poder,	
	y parciales de la ynfanta,	
	(que algunos debe de aber)	45
	le dan fabor contra mí;	
	o acaso el rey de León,	
	de quien a Castilla bi	
	su feudo y jurisdisción,	
	cosa que siempre temí,	50
	le ayuda por derribarme,	
	¿es bien que Hurraca ni Elbira	

---

21 in *MS.*, "si" was first written "sin" and the "n" was deleted   34 queste] *A B C* aqueste   35   serán] *A B C* harán   49   y] *A B C* o / jurisdiscion] *MS.* juridiscion   51 derribarme] *MS.* deribarme

vengan sin tiempo a eredarme?
¿Paréceos ques justa yra
al peligro anticiparme?   55
  Será mejor que tengáis
rei por vía de barón,
o que presto obedezcáis
los que por mujeres son,   [fol. 4r.]
si no es que al reyno aspiráis.   60
  Dadme que casen las dos
con dos príncipes estraños,
y que les conceda Dios
suscesión, que a pocos años
ni respecte a mí ni a bos.   65
  ¿Que tan bueno puede ser
que estraño en mi reyno tenga
ciudades, fuerça y poder?
Luego, no es justo que benga
a suscesión de mujer.   70
  Cid, ¿qué decís? ¿Qué sentís?
¿Por qué calláis?

CID.   Yo, señor,
escucho lo que decís
con el respecto y amor
que vos, por quien sois, pedís;   75
  soy vasallo como beis;
v[uest]ro padre me crió,
y bos me faborecéis;
a v[uest]ro sí y v[uest]ro no
obediente me tenéis.   80
  En las cosas de los reyes
nunca yo pongo la mano,
ni en sus fuerças ni en sus leyes,
mas que si fuera un billano
entre el arado y los bueyes.   85
  A Toro abemos venido,
oy, a ber a buestra hermana.

---

57 vía] *ms.* línea   79 y] *A B C* o

	V[uest]ra herm[an]a os a temido;	
	que daros la puerta, llana	
	confiança hubiera sido.	90
	Pero si bio desde lejos [*fol. 4v.*]	
	tantas armas, donde el sol	
	llebaba al muro reflexos,	
	y del acero español	
	surtir pedaços de espejos,	95
	¿qué os admiráis que temiese,	
	si queréis quitarla a Toro,	
	y que con la puerta os diese,	
	aunque por v[uest]ro decoro	
	de no admitiros le pese?	100
	¡Qué bien segura os abriera	
	quando desarmado os biera!	
	Mas con ballestas y lanças	
	piérdense las confianças	
	que la sangre considera;	105
	no os fatiguéis, que otro día	
	doña Elbira os abrirá.	
Don Sancho.	¿Quién está en su compañía?	
Cid.	Nuño Belázquez está,	
	hidalgo y de sangre mía.	110
Don Sancho.	No se alabe del consejo.	
	¿Por bentura no le dio	
	Nuño el consejo?	
Don Sancho.	Es muy biejo	
	y a quien mi padre me dio	
	en su ausencia por espejo.	115
	Ese la culpa a tenido,	
	no lo dudéis, ése a sido,	
	porque mi herm[an]a me abriera,	
	si Nuño no le dixera	
	con la yntención que e benido.	120

---

89 daros] *A B C* el daros   92 el sol] *A B C* al sol   93 al muro] *A B C* el muro / llebaba] *C* llevara   97 quitarla] *A B C* quitarle   111 No se alabe del consejo]. *MS.* No se le be en el consejo   114-115 assigned to the Cid in *A B C*

　　　　　　　　Pues, Cid, no puedo dejar
　　　　　　　　de engañar a doña Elbira,　　　　[*fol. 5r.*]
　　　　　　　　o en Toro por fuerça entrar,
　　　　　　　　si ya en mis soldados mira,
　　　　　　　　que se la vengo a quitar.　　　　　125
　　　　　　　　　Yo le daré dónde biba,
　　　　　　　　quando no sean ciudades,
　　　　　　　　monasterios ay.
Cid.　　　　　　　　　　Resciba
　　　　　　　　m[erce]d de ti, si en berdades
　　　　　　　　la justa pribança estriba:　　　　130
　　　　　　　　　que me escuches dos raçones.
Don Sancho.　　¿Quándo os niego yo, Rodrigo,
　　　　　　　　mi oýdo?
Cid.　　　　　　　　　Las maldiciones
　　　　　　　　de los padres son castigo
　　　　　　　　que an durado en mill naciones.　135
　　　　　　　　　Vese el exemplo en Noé
　　　　　　　　maldiciendo a Can; que fue
　　　　　　　　desconpuesto en su respecto
　　　　　　　　y eternamente sujeto
　　　　　　　　a sus hermanos se be.　　　　　140
　　　　　　　　　Con esto a tu padre mira
　　　　　　　　dando a Toro y a Çamora
　　　　　　　　a doña Urraca y Elbira,
　　　　　　　　y que en la última ora,
　　　　　　　　quando el santo rey expira,　　　145
　　　　　　　　　dixo que al hombre que fuese
　　　　　　　　tan libre en esta ocasión
　　　　　　　　que quitárselas quisiere,
　　　　　　　　su paternal maldición,
　　　　　　　　y la de Dios, le cayese.　　　　150
　　　　　　　　　Pues, si ay exemplos tan llanos
　　　　　　　　del castigo y del rigor

127　quando] *MS.* y quando　　135　an durado] *A B C* ha durado　　136
Vese] *A B* veese　　143　a doña Urraca y Elbira] *A B C* a Urraca y a doña
Elbira　　144　en la última ora] *C* la última hora　　146　que al hombre]
MS. quel hombre

	contra los que son tiranos,		
	¿por qué quieres tú, señor,	[*fol. 5v.*]	
	deseredar tus hermanos?		155
Don Sancho.	Paso, Cid, que yo no os di		
	tanta licencia.		
Cid.	Yo debo,		
	rey, aconsejarte ansí.		
Don Sancho.	El yntento que yo llebo		
	combiene al reyno y a mí.		160
	Después, lo sabréis mejor.		
	Id bos a hablar a mi herm[an]a		
	y decilda ques herror,		
	y no condición humana		
	no abrirme.		
Cid.	Yo iré, señor,		165
	que justa raçon me esfuerça		
	a seruiros y a callar,		
	aunque la raçón se tuerça;		
	que yo os puedo aconsejar,		
	mas no puedo haceros fuerça.	[*Vase.*]	170
Don Sancho.	Ançures, demos yo y bos		
	una buelta al muro.		
Ançures.	Creo		
	que se conciertan los dos.		
Don Sancho.	Del Cid conozco el deseo.		
Ançures.	No ymporta. Guárdete Dios.	*Vanse.*	175

Salen Don Diego Ordóñez y Doña Elbira. [1]

Elbira.	Y de un lucido esquadrón
	me dicen que viene armado.

---

[1] *MS, Sale Don Diego* etc. *A B C Salen Don Diego Ordóñez, y la Infanta doña Elvira.*

162 a mi hermana] *A B C* con mi hermana   163 decilda] *B C* decilde
166 que justa] *A B C* pues justa   170 "pero no" is deleted in this
line and "mas no puedo" written in the margin   171-172 Ançures...muro]
A B C assigned to the Cid   178 Pésame] *MS.* Piesame

Don Diego.	Pésame de aber entrado	
	en Toro en esta ocasión.	
Elbira.	Pues, no te pese, don Diego,	180
	si hallo consuelo en ti.	
Don Diego.	Señora, pésame a mí	
	de la ocasión en que llego.	

    Aquí bine de Zamora,   [*fol. 6r.*]
y no sin cuidado, a darte   185
un recado de su parte
de la ynfanta, mi señora.
    Supo tu herm[an]a que hacía
el rey, v[uest]ro hermano, jente,
no contra el moro ynsolente,   190
señor del Andalucía,
    que por sauer que del Cid
fue tantas veces bencido
osa llegar atrebido
a los campos de Madrid,   195
    mas con secreta ocasión
de quitarte a Toro agora
para dar sobre Çamora.
Tal es la umana ambición.
    Con esto, quiso que fuese   200
deste abiso enbajador,
porque Toro, a su rigor,
fuerças de toro tubiese;
    que puede ser, doña Elbira,
que le pueda echar la capa;   205
y si la bista le tapa
la capa desta mentira,
    con que biene desta suerte
a hacer alcance engañoso,
no se escapará del coso   210
sin que Sancho le dé muerte.

Elbira.   Don Diego Ordóñez, bien creo
que se pensó entrar mi hermano

---

186 recado] *A B C* recaudo   190 ynsolente] *A B C* valiente

   como amigo a paso llano,
encubriendo el mal deseo;   215
  pero, como de los muros
se descubrió jente armada,
—que la encubierta celada   [*fol. 6v.*]
el sol con sus rayos puros
  nos dixo luego quel alba   220
en su acero amaneció—
no sólo le rescivió
Toro con alegre salba,
  pero le cerró las puertas
quantas tiene la ciudad,   225
aunque de mi boluntad
las tiene mi sangre abiertas.
  Pienso questá despechado;
lo que a de hacer, no lo sé,
ni menos lo que yo haré   230
con la ocasión que le e dado;
  porque, para defenderme
sola, y sin amparo umano,
del poder de un rey herm[an]o,
no tengo de quién balerme.   235

DON DIEGO.   Ynfanta, no querrá Dios
quel rey tan tirano sea,
que de su pecho se crea
questo a de hacer con las dos.
  Temer es justo, que creo   240
ques muy discreto el temor,
aunquel ánimo y balor
con más laureles le veo.
  Este temor que yo digo
es para no descuidarte   245
quando conbiene guardarte
del cauteloso enemigo.
  Bien as hecho, ynfanta, y soy
de ese mismo parecer;

---

228 despechado] *B* despachado   236 querrá] *A B C* quiera

	quien armado vino ayer,	250
	ofenderte quiere oy;	
	enójese o no, tú aciertas	
	en cerralle la ciudad.	
ELBIRA.	Sí, pero a la enemistad [fol. 7r.]	
	abrí, don Diego, las puertas;	255
	y él no abrá querido más	
	para tener ocasión...	
DON DIEGO.	Si acercare el esquadrón,	
	ques de lo que triste estás,	
	abisa luego a Çamora,	260
	donde boy a prebenir	
	lo que se debe ynferir	
	de lo que ay en Toro agora,	
	que quien oy quita a su herm[an]a,	
	sin que más causa le den,	265
	su erencia, a Hurraca tanbién	
	se la quitará mañana.	
ELBIRA.	Quanto has visto le dirás;	
	y di que a ayudarme acuda,	
	que yo le daré mi ayuda	270
	si el rey la ynquietare más.	
	¡Nuño Belázquez!	

Sale Nuño Belázquez.

NUÑO.	¡Señora!	
ELBIRA.	¿Por dónde saldrá don Diego,	
	para que se parta luego	
	con este abisso a Çamora?	275
NUÑO.	No estando cercado el muro,	
	qualquiera puerta abriremos;	
	que, como luego beremos,	
	queda de traición seguro.	

---

250 vino ayer] *MS.* vino a ber   253 la ciudad] *A B C* tu ciudad   254 enemistad] *MS.* appears as "enamistad"   266 su erencia] *A B C* la hacienda   275 este abisso] *A B C* esta nueva

Elbira.	Pues, bamos juntos, que quiero,	280
	don Diego, veros salir.	
Nuño.	Al muro puedes subir,	
	que aun está libre el terrero.	
Elbira.	Ni aun la ciudad ni la bida	
	tengo, Nuño, asegurada.	285
Don Diego.	Como estubieras casada, [fol. 7v.]	
	estuvieras defendida. *Vanse.*	

Sale el Cid Rui Díaz. [1]

Cid. Obedecer al mayor
y no replicar al rey,
no sólo fue justa ley,   290
pero es lealtad y es amor.
    Hasta agora no a mostrado
Sancho tan mala yntención,
que deba en esta ocasión
ser de un basallo dejado.   295
    Demás, que dándole aquí
el consejo que yo debo,
ni sus yntentos apruebo,
ni pueden culparme a mí.
    Bien claram[ent]e le hablé;   300
harto un rey sufrió a un criado;
con sufrirme me a obligado;
lo que me a mandado, haré.
    Demás, que bien puede Elbira,
con mejor resolución,   305
trocar por la relixión
el casamiento a que aspira,
    que Sancho no quiere estar
por el paternal partido,
pues un reyno diuidido   310
no se puede conserbar.

---

[1] *A B C Sale el Cid.*

283 terrero] *C* terreno   284 Ni aun la ciudad] *A B C* Ni la ciudad
287 estubieras] *B* estuuiera

          La puerta abrieron, y sale
          un caballero, y al muro
          un sol, que al hermoso y puro
          del cielo es poco que yguale.   315
          Agora podré yo entrar;
          mas, ya cerraron la puerta.

   Sale don Diego Ordóñez, y doña Elvira al muro. [1]

Don Diego.   La campaña está desierta,   [*fol. 8r.*]
             bien se puede caminar;
             tomar esta senda quiero.   320
Cid.   ¡Reconocerme procura!
Don Diego.   Pero no está muy segura,
             que allí e bisto un caballero,
             que en forma está de soldado,
             y para haçaña atrebida,   325
             no e visto un hombre en mi bida
             que mejor parezca armado.
             ¡Con qué gallardo denuedo
             se pasea y mira al muro!
             ¡A, caballero! ¿es seguro   330
             el paso o temerle puedo?
Cid. [2]   De qué bos podáis temer,
             yo no os puedo asegurar,
             por quel temer es pensar
             el daño que puede aber;   335
             mas, lo que yo os aseguro
             es que está seguro el paso,
             porque yo solo y acaso
             paso mirando este muro.

---

[1] *C Salen etc. MS. Sale don Diego Ordóñez.*   [2] omitted in *MS.*

315 que yguale] *A B* le yguale   323 un caballero] *C* a un caballero
326 un hombre] *MS.* hombre   327 que mejor parezca armado] *A* tambien parezca armado *B C* que tan bien parezca armado   334 temer] *A B C* temor   339 in the *MS.*, "pisando" is deleted between "paso" and "mirando"

	Pero bos que abéis salido,		340
	¿por qué me bistes aquí?		
	¿benís por bentura a mí?		
Don Diego.	Ni a bos, ni al campo e benido.		
	Antes, soy de la ciudad		
	forastero, y a la mía		345
	me buelbo, y ansí querría		
	el paso con liuertad.		
Cid.	Passad atrás, o adelante,		
	o por en medio o a un lado,		
	porque en mi bida e topado	[fol. 8v.]	350
	tan medroso caminante.		
	Si prometistes allá,		
	acaso, echarme de aquí,		
	y abiéndome bisto a mí,		
	se os templó la furia ya,		355
	bolued y decid que hallastes		
	un hombre en este lugar		
	que no se quiso mudar,		
	aunque bos se lo rogastes.		
Don Diego.	Un hom[br]e soy zamorano,		360
	señor caballero; yo,		
	que, como dixe, salió		
	de Toro, seguro y llano.		
	No e benido a pelear,		
	lo que con buen gusto hiciera,		365
	porque la ynfanta nos biera,		
	a quien quisiera ymbiar		
	esas plumas y esa espada;		
	que la espada para mí		
	también será pluma aquí.		370
Cid.	¿Pluma?		
Don Diego.	Y menos.		

---

349 in the MS., "ençaga" is deleted between "o" and "a un"   358 no se quiso mudar] A B C no se dexó mudar   365 con buen gusto] MS. en buen gusto

CID.	Mas no nada.
	¿Sois loco?
DON DIEGO.	Soy un hidalgo,
	que a sólo un hom[br]e e temido
	después que nací.
CID.	Yo e sido
	un hombre que tanto balgo 375
	que no e temido a ninguno,
	aunque mal digo, ¡por Dios!
	que e temido más de dos.
DON DIEGO.	Desos dos soy yo el uno.
CID.	A todos los necios temo. 380
	¿Quál destos sois? [*fol. 9r.*]
DON DIEGO.	Yo e tenido
	la culpa en aberlo sido,
	que aquí lo e sido en estremo.
CID.	No os prebengáis, que no quiero
	reñir con bos.
DON DIEGO.	¿Por qué no? 385
CID.	Porque nunca en quien temió
	manché mi gallardo acero.
DON DIEGO.	A quien yo e temido es hom[br]e
	que a bos os hará temblar.
CID.	Si es el ymbierno, en lugar 390
	frío temblar hace al hombre.
DON DIEGO.	No es sino el Cid.
CID.	Pues, si bos
	teméis sólo el Cid, oýd,
	que a mí me teméis, que el Cid
	soy.
DON DIEGO.	¿El Cid bos?
CID.	Sí, ¡por Dios! 395
DON DIEGO.	Ya que os e dicho en la cara,
	ymbicto Cid, mi temor,

---

373 a sólo un hom[br]e] *A B C* sólo un hombre 378 temido más de dos] *A B C* temido a más de dos 382 en] *C* de 387 manché] *MS.* mancho 391 hace] *B* hazer / al hombre] *A C* a vn hombre

	saued que soy yo, señor,	
	don Diego Ordóñez de Lara.	
CID.	Dadme esos braços, don Diego,	400
	y perdonadme.	
DON DIEGO.	Que a mí	
	me perdonéis desde aquí	
	con toda umildad, os ruego;	
	mas, porque la ynfanta Elbira,	
	con esta demostración,	405
	no piense de mí traición,	
	que desde el muro nos mira.	
	Dadme licencia.	
CID.	En buen ora. [*fol.* 9v.]	
DON DIEGO.	Cid, con mi padre os ygualo.	
CID.	¿Cómo queda Arias Gonçalo?	410
DON DIEGO.	Muy b[uest]ro queda en Zamora.	
CID.	¿Sus hijos?	
DON DIEGO.	Allí están dos,	
	Sancho de Arias y Pedro Arias.	
CID.	Y ¿qué ay allá?	
DON DIEGO.	Cosas barias.	
	Adiós, Cid. *Vasse.*[1]	
CID.	Don Diego, adiós.	415
	Hermosa guarda del muro,	
	oýd un hom[br]e que os llama,	
	aunque menos de esa llama	
	que de las armas seguro;	
	escuchad, no os retiréis,	420
	que no os bengo yo a matar.	
	Rodrigo soy, de Bibar.	
ELBIRA.	Pues, buen Cid, ¿qué me queréis?	
CID.	Poned, ansí os guarde Dios,	
	el pecho en esas almenas,	425
	y oíd al Cid.	

---

[1] *A B C Vase don Diego.*

398 soy yo] *A B C* yo soy   411 Muy buestro queda] *A B C* Muy bueno queda   423 Pues, buen Cid] *C* Pues bien, Cid

Elbira.	En mis penas	
	sólo el consuelo sois bos,	
	y así os obedezco, Cid,	
	como a quien para tutor	
	os dejó el rey, mi señor.	430
Cid.	Escuchadme, pues.	
Elbira.	Decid.	
Cid.	Si errare, no me culpéis,	
	quel enbajador no debe	
	pena, si a decir se atrebe	
	lo que, como bos sabéis,	435
	su rei le tiene mandado.	
Elbira.	No aré, Rodrigo, decid,	
	que bien saben todos, Cid, [fol. 10r.]	
	que sois desapasionado.	
Cid.	Teme Sancho, y teme bien,	440
	que Hurraca y bos, sin su gusto,	
	os caséis, y esto no es justo,	
	porquél tiene ya con quién.	
	Esto benía a tratar	
	el rey con bos, o, a saber,	445
	si es que monja q[ue]réis ser,	
	y os place, Elbira, trocar	
	a Toro por buena renta,	
	con que una casa fundéis	
	donde a Dios sirbáis y déis	450
	exemplo y bibáis contenta;	
	que no ay en Castilla quien	
	os merezca, y tiene a mal	
	que os caséis en Portugal,	
	porque entre moros no es bien;	455
	que, aunque para conbertir	
	un rey y un reino a la fee,	
	tal vez permitido fue,	
	él no lo a de permitir,	

---

445 el rey con bos] *A B C* con vos el rey 457 un rey y un reino] *MS.* rey y un reino *A* un rey yn reyno

	porque no estamos seguros	460
	que el rey se conbertirá,	
	antes, que mora os hará,	
	después que os tenga en sus muros.	
	Todo esto tratar quería.	
	Cerráisle v[uest]ra ciudad,	465
	pagáis mal su voluntad,	
	y acéisle descortesía,	
	que, entre ermanos, no es raçón	
	que aya señal de sospecha.	
Elbira.	Rodrigo, ¿de qué aprovecha	470
	celar el rey su intención?	
	Si lo contrario sabéis, [*fol.* 10*v*.]	
	¿cómo bos, Cid, me engañáis?	
	O, ¿es quel recado me dáis,	
	cómo de allá le traéis?	475
	¿Quién le mete al rey, mi herm[an]o,	
	en casarme? Si es lisonja,	
	¿cómo quiere hacerme monja,	
	y con renta de su mano?	
	Todo el cuidado y la renta	480
	es sólo quitarme a Toro.	
	Sancho piensa que yo ygnoro	
	si mi bien o el suyo yntenta.	
	Decidle, Cid, que ya soy	
	monja, porque a Toro he hecho	485
	monasterio, y que su pecho	
	sosiegue de que lo estoy,	
	y que para que lo crea,	
	basta ber que le han cerrado	
	la puerta con el cuidado	490
	de que recoxida sea;	
	que no es justo que a un seglar	
	un monasterio se abra,	

---

464 quería] *B C* querría   474 recado] *B C* recaudo   478 cómo quiere hacerme] *A B C* cómo me quiere hacer

	y que le doy mi palabra	
	de ser firme y profesar.	495
CID.	Elbira, quanto a tener	
	disculpa de enbajador,	
	siruiendo al rey, mi señor,	
	no ay más que satisfacer;	
	quanto a ser hijo de Diego	500
	Laínez, el de Bibar,	
	de otra suerte os quiero hablar.	
ELBIRA.	Pues, que ansí me habléis os ruego.	
CID.	Guardaos, Elbira, quel rey	
	no está bien aconsejado.	505
	Harto os he dicho y pasado [*fol.* 11r.]	
	por bos de lealtad la ley;	
	mas, crióme v[uest]ro padre,	
	soy su hechura.	
ELBIRA.	El rey se acerca.	
CID.	Mirando viene a la cerca;	510
	no ay portillo que le quadre.	

Salen el rey, Conde Ançures y soldados.[1]

DON SANCHO.	¿No es aquél el Cid, Ançures?	
ANÇURES.	El Cid es.	
DON SANCHO.	¿Cómo no llega?	
CID.	Dadme esas manos, señor.	
DON SANCHO.	Cid, yo e bisto muchas tierras	515
	en Castilla y Portugal,	
	en Aragón y Valencia,	
	mas tal ciudad y tal río,	
	tal compaña ni tal bega,	
	tal dispusición de sitio,	520
	tales campos y arboledas,	

---

[1] *MS. Sale* etc.

507 de lealtad la ley] *MS.* la lealtad y ley   515 muchas tierras] *A B C*
518 y] *A B C* ni   520 dispusición] *A B C* disposición

74 LOPE DE VEGA'S "LAS ALMENAS DE TORO"

	no las e bisto en mi uida.	
	Pueden hacer conpetencia	
	sus huertos a los pensiles	
	que la antigüedad celebra.	525
	¿Ay tan bien labrados muros?	
	¿Ay tales puertas y cercas?	
Ançures.	A fe, que no es lo peor	
	el ángel que anda por ella,	
	que, como nos acercamos,	530
	también a bernos se acerca.	
Don Sancho.	Por las almenas de Toro	
	se pasea una doncella,	
	pero dixera mejor	
	quel mismo sol se pasea:	535
	¡Lindo talle, ayroso cuerpo! [fol. 11v.]
Ançures.	Ya se pára a berte en ellas	
	en una almena la mano.	
Don Sancho.	Pondré el alma por almena;	
	desde el día que nací,	540
	no e bisto cossa más bella;	
	a tener desnuda espada	
	en aquella mano tierna,	
	Toro, ciudad venturosa,	
	ángel de tu guarda fuera.	545
Ançures.	Blanca es y colorada,	
	reluce como una estrella.	
Don Sancho.	Si es estrella, es la de Venus,	
	ques de los amores reyna,	
	y ynfunde amor en las almas,	550
	que quien tan presto las quema,	
	más es que raçón del alma,	
	acidental ynfluencia.	
	¡Qué grave y qué bien mirada!	
	¡Qué aseada y qué conpuesta!	555

---

522 no las] *A* no los   526 tan bien] *B* tambien   527 cercas] *A B C* cerca   528 lo peor] *C* la peor   547-548 not in *A B C*   549-553 assigned to Ançures in *A B C*   550 y] *C* e   553 in *MS.*, "natur" deleted before "acidental"

                    ¡Qué gallarda y qué señora!
                    ¡Quién como la be, la oyera!
                    que tal bez en cuerpos vellos
                    suele aber almas de piedra,
                    y en los feos vellas almas.   560
ANÇURES.   Propossición falsa es ésa;
                    que si tubieras dos bassos,
                    que de oro y de barro fueran,
                    y tubieras dos licores
                    con la misma diferencia,   565
                    uno bálsamo, otro aceyte,
                    ¿dónde el bálsamo pusieras?
DON SANCHO.   En el de oro.
ANÇURES.   Pues, ansí
                    pone la naturaleça:
                    alma hermosa en cuerpo hermoso.   [fol. 12r.]   570
DON SANCHO.   Esa es opinión de Grecia;
                    que no ay, Conde, en n[uest]ras almas,
                    ni puede aber, diferencia;
                    que los ynstrumentos son
                    la causa que lo parezcan,   575
                    que como por ellas obran
                    los cuerpos, ques la materia,
                    las hace feas o hermosas,
                    las hace sabias o necias.
                    Désta que miro en el muro,   580
                    digo que la sutileça
                    con que allá la astroloxía
                    pinta figuras diuersas
                    en el manto açul del cielo,
                    me a hecho agora que crea   585
                    que muchas ymajinadas
                    deben de ser berdaderas.
                    Si a Andrómeda y a Ariana

---

581 digo] *MS*. di   588 Si a Andrómeda y a Ariana] *A B* Si Andrómeda y Ariana *C* Si Andrómeda y Ariadna

	pintan de barias estrellas,	
	ésta será alguna, Conde.	590
Ançures.	Huélgome que la encarezcas,	
	porque no e bisto en mi uida	
	en mujer tanta belleça.	
Don Sancho.	Si es hija de duque o conde,	
	yo me casaré con ella,	595
	de buena gana, basallos,	
	y haréla en Castilla reyna.	
	Carroça le haré de plata,	
	de blanco marfil las ruedas,	
	estribos y asientos de oro,	600
	y la cubierta de tela,	
	los caballos que la lleven,	
	las crines riças que peinan,	
	cubrirán laços de nácar, [fol. 12v.]	
	y ellas besarán la tierra.	605
	Haréle el más rico estrado	
	que moro o X[crist]yano tenga,	
	donde no se echen de ber	
	con los diamantes las sedas.	
	Haré que Elbira y Hurraca	610
	juntas de rodillas bengan	
	a seruirla, y quel cojín	
	le llebe Alfonso a la yglesia.	
	Mas, si por dicha, si ya	
	que esto puede ser que sea,	615
	es hija de un labrador,	
	tendréla por mi mançeba;	
	haré que por celosías	
	mire las públicas fiestas,	
	juegos de cañas y toros,	620
	torneos, justas, libreas;	
	yremos los dos a caça	

---

589 pintan] *A B C* forma   601 la cubierta] *A B C* las cubiertas   603 riças] *A B C* ricas   609 las sedas] *A B C* las telas   612 seruirla] *C* servilla   616 un labrador] *A B C* labrador

	por los montes y florestas;	
	gauilán que lleve en mano,	
	de oro tendrá las pigüelas.	625
	Si de ella tubiere hijos,	
	haré quel mayor posea,	
	como juro de eredad,	
	a Carrión y Palencia.	
	Los demás no yrán q[ue]josos,	630
	que yo cassaré las hembras,	
	y haré obispos los barones	
	de Burgos y Compostela.	
CID.	Dejad, el buen Rey don Sancho,	
	de hablar palabras como ésas,	635
	ques v[uest]ra herm[an]a, señor,	
	la que beis en las almenas,	
	la que, con temor que os tubo, [*fol.* 13*r.*]	
	de Toro os cierra las puertas.	
DON SANCHO.	Pues, si ella, Cid es mi herm[an]a,	640
	¡mal fuego se encienda en ella!	
	¡No tenga jamás bentura,	
	pues no la tendrá por fea!	
	¡Casse mal con hom[br]e yndigno,	
	cuyo nacimiento benga	645
	desdel primero billano	
	que puso arado en la tierra!	
	¡No aya subido a caballo,	
	calçado bota ni espuela,	
	puesto camisa de olanda,	650
	bestido sayo de seda!	
	¡Ola, ballesteros, ola!	
	Aperciuid las ballestas,	
	poned al coral la mira.	
	Nadie goçe su belleça.	655
	¡Tiralda, mis ballesteros! *Vase el rey.*[1]	

---

[1] *MS.* omitted.

625 pigüelas] *C* pihuelas 629 Palencia] *A B C* a Palencia. 647
en] *A B* a   656 tiralda] *A B C* tiralde / ballesteros *C* monteros

Ançures.	El rey se fue.	
Soldado.[1]	Y yo con ésta le pienso pasar el pecho.	
Cid.	Todo ydalgo se detenga, que al hom[br]e que la tirare, antes de poner la cuerda, le bolaré de los hombros, y de un rebés, la cabeça.	660
Soldado.[2]	Mandólo el rey.	
Cid.	Pues, decid que se quitó de la cerca, que ya beis como se ba, *Vase del muro doña Eluira.*[3] y, por dicha, lo sospecha, y bosotros ynfançones, a los moros en la guerra, tirad flechas; que las damas son las que tiran las flechas. *Vanse.*[4]	665 670

Sale don Vela con gabán y báculo.

Don Vela.	Montes que el Duero baña, [*fol.* 13v.] y en cadenas de yelo os tiene por berdes pies atados, desde que nuestra España, Pelayo (o fuese el cielo) os restauró del bárbaro, abitados de mis nobles pasados; bega de Toro hermosa, que haces competencia no sólo con Palencia, y a la orilla del Betis generosa de fértiles trofeos, mas a los campos célebres ybleos;	675 680

---

[1] *A B C Ballestero.* [2] *A B C Ballestero.* [3] MS. omitted [4] MS. *Vase.*

661 antes de poner] *A B C* antes que ponga   681 Palencia] *A B C* Plasencia   683 in *MS.*, "despojos" is deleted between "fértiles" and "trofeos"

aquí, dondesta cassa, 685
solar de mis abuelos,
las jambas cubre de despojos moros,
por donde alegre pasa
Duero, que quiebra yelos,
y cuyas ninfas ban cantando a coros, 690
haciendo que los poros
de la hermosa ribera
broten las altas cañas,
anchas como espadañas,
de trigo fértil, la mançana y pera, 695
y el racimo pesado,
con berdes hilos al sarmiento atado,
vibo con mucho gusto,
retirado y goçoso,
de la ambición, que con el nuebo ymperio 700
de Sancho, aquel robusto
hijo del rey famoso
que a Castilla libró del cautiberio:
(balor, piedad y misterio,
del cielo y de Fernando) 705
aquí las pretensiones
no me dan ocasiones
para biuir sirbiendo y esperando,
porque paz verdadera [fol. 14r.]
no la tiene el que sirue ni el que espera. 710
Aquí, con una hija,
que sola me a quedado,
colgué la espada y la esperança loca;
ésta quiero que rija,
no el jeneroso estado, 715
sino la hacienda regalada, y poca,
y lo demás que toca
a su remedio, tenga

---

700 ambición, que con el nuebo ymperio] *C* ambiciosa corte y nuevo imperio
704 piedad y misterio] *A B C* piedad, misterio / in *MS.*, "imperio" is deleted between "piedad" and "misterio"   708 y]*C* ni   710 no la tiene el que sirue ni el que espera] *A B C* ni la espere el que sirue ni el que espera

                        el alto cielo cargo,
                        pues ya el discurso largo   720
                        de mi uida, me dice que prebenga
                        a la postrera cama
                        la parte que mortal el tiempo llama.

Sale doña Sancha, su hija; Suero, Tello, y Nuño labrador. [1]

CANTAN.   Por aquí daréis la buelta,
                el caballero,   725
                por aquí daréis la buelta,
                si no, me muero.
NUÑO.   Satisfecha estaba, a fee,
                esa dama de su cara.
TELLO.   Señor está aquí.
SANCHA.   Pues, pára,   730
                y sus manos besaré.
DON VELA.   Seas, hija, bien benida.
SANCHA.   Tú mill beces bien hallado.
DON VELA.   ¿Aste holgado?
SANCHA.   No me a dado
                gusto mayor en mi bida.   735
DON VELA.   Temo quel sol, que se enciende,
                te a hecho mal.
SUERO.   No hará,
                puesto que ymbidioso está
                y escurecerla pretende,
                    digo escurecer, quitando   [fol. 14v.]   740
                a la blanca tez la niebe,
                con que a sus rayos se atrebe.
DON VELA.   ¿Tú la bienes requebrando?
SUERO.   Pues, ¿no soy persona yo?
DON VELA.   A la fee, Suero, que creo   745
                que amor no pone deseo

---

[1] *A B C Sale doña Sancha con sombrero de paja, y quatro segadores; Nuño, Suero, Tello, labradores.*

727 me muero] *MS.* muero   739 escurecerla] *C* oscurecer   740 escurecer] *C* obscurecer

	en las bestias.	
SUERO.	¿Por qué no?	
	¿Los negros, señor, no son	
	jente bárbara y boçal?	
	Pues, ¿quién tiene amor ygual	750
	y siente más de afición?	
	Demás, que los elefantes	
	y fieros rinocerontes	
	aman en los yndios montes,	
	y enjendran sus semejantes...	755
	y, boto a mí, si no fuera	
	doña Sancha, como es,	
	mi ama, que...	
NUÑO.	Dilo, pues.	
SUERO.	Que la amara y la pidiera	
	a don Bela, mi señor,	760
	para matrimoño, tío.	
DON VELA.	¿As bebido, Suero?	
SUERO.	Y frío.	
DON VELA.	No es poco en esta calor.	
SUERO.¹	Estos blancos botixones	
	en un hoyo soterrados,	765
	de pánpanos coronados	
	(que no de berdes bretones,	
	porque dicen que las berças,	
	¡maldiga Dios su frialdad!	
	por secreta propiedad	770
	quitan al bino las fuerças)	
	conserban al sol el frío,	
	a pesar del perro ardiente,	[fol. 15r.]
	que en el cielo alguna jente	
	dice que rabia el estío;	775
	y con esta dilixencia	
	beue un segador cansado,	

---

¹ in *MS.*, lines 764-783 are assigned to don Vela.

761 matrimoño] *A B C* matrimonio   763 esta calor] *A B C* este calor
767 berdes bretones] *A B C* frescos bretones   777 beue] *A* viue

	si no muy frío, templado,	
	y pasa el sol con paciencia;	
	ques alibio del trabajo	780
	el bino que enpino yo,	
	verle haciendo clo, clo, clo,	
	por el tragadero abajo.	
Don Vela.	Aora bien, Tello ¿qué falta	
	por segar?	
Tello.	El pegujar	785
	por bajo del encinar,	
	y, a fee, que ay caña tan alta	
	que muesama en el pollino	
	aun no se echaba de ber.	
Don Vela.	Oy, pienso, Tello, oponer	790
	juntos los haces del lino,	
	y mañana dar sobre ellos.	

Sale Enrrique de peregrino herido. [1]

Enrrique.	¡A, traydores enemigos,	
	que en un monte sin testigos	
	os dio la ocasión cabellos!	795
	Muerto me abéis.	
Don Vela.	¡Santo Dios!	
	¿Qués aquesto, caballero?	
Enrrique.	Un hom[br]e soy estranjero,	
	a quien agora otros dos	
	an herido con traición.	800
Nuño.	Son salteadores, acaso;	
	que el ser de Santiago paso	
	les suele dar ocasión.	
Enrrique.	Antes, eran deudos míos, [*fol.* 15v.]	
	y estranjeros como yo.	805

---

[1] *A B C Sale Enrique de peregrino, herido con la espada desnuda.*

778 frío] *A B C* fresco   782 clo, clo, clo] *MS.* clo, clo   788 muesama] *A B C* nuessa ama   791 juntos los haces] *A B C* juntas las hazes
801-803 in *A B C,* these lines are assigned to don Vela

	Quiçá eredarme les dio	
	causa a tales desbaríos.	
	No me dejéis padecer,	
	señor, si sois caballero.	
Don Vela.	Tened ánimo, que espero	810
	en Dios, que abéis de tener	
	en esta cassa salud.	
	Sancha, aperciue aposento.	
Sancha.	¡Qué lástima!	
Enrrique.	Ya no siento	
	mi muerte.	
Suero.	Tanta ynquietud	815
	me a causado el ber herido,	
	Sancha, [a] un moço tan galán,	
	que si por el monte están,	
	no a de auer toro encendido	
	en celos, como e de ser.	820
Tello.	¿Qué as de llebar?	
Suero.	Estos braços	
	me harán hacerlos pedaços.	
Tello.	Más armas son menester.	
	Descolguemos los lançones,	
	y pongámonos pabeses;	825
	aya tajos y rebeses.	
Suero.	Armas son los coraçones.	
Nuño.	¡Calla, ques jente de guerra!	
Suero.	Ruego a Dios que no se esconda;	
	que yo al revoluer la honda,	830
	doy con un toro por tierra. *Vanse.*	

Salen el rey y el Conde Ançures.

Ançures.	No se remite a partido, [*fol.* 16*r.*]
	aunque le dieses por Toro
	las mismas almenas de oro.

---

808 padecer] *A B C* perecer   820 en celos] con celos   822 me harán hacerlos pedaços] *A B C* que los han de hazer pedaços   827 in *A B C* this line belongs to Nuño

Don Sancho.	Pues, ¿a qué se a remitido?	835
Ançures.	A la defensa no más.	
Don Sancho.	¿Y con qué soldados piensa	
	Elbira hacerme defensa?	
Ançures.	¿As bisto a Elbira?	
Don Sancho.	Jamás.	

    Digo jamás, porque Elbira, 840
desde niña, se a criado
donde seguía el estado,
que agora tanto le admira,
    y años ha que no la bi,
pues, quando la bi en el muro, 845
no la conocí, y seguro,
suyo por entonces fui.
    Ynbidia tengo a dos cosas,
conde.

Ançures.   ¿Puédense contar?

Don Sancho. Al hombre que a de goçar 850
partes tan bellas y hermosas,
    como se ben en Elbira,
y a ser de un lugar señor
que no lo be el sol mejor
en quantos alumbra y mira; 855
    pero, que ninguno sea,
me daré tal prisa agora,
que doña Hurraca en Çamora
al mismo yntento me bea
    ¡Llamadme a Bellido aquí! 860

Sale Vellido. [1]

Ançures.	Ya biene, señor, Vellido.
Don Sancho.	No quiere, Elbira, partido,
	Vellido.

---

[1] in *A B C*, this direction precedes l. 862.

838 Elbira hacerme] *A B C* hazerme Eluira   844 y] *A B C* omitted
853 a] *A B C* en   854 lo] *A B C* le   857 prisa] *A B C* priessa

VELLIDO.	Créolo ansí.	[*fol.* 16v.]

     Fíase de tu piedad,
     por la sangre, y por el muro;   865
     tiene el coraçón seguro,
     si acometes la ciudad.

DON SANCHO. De tu raro entendimiento
     algún consejo quisiera,
     con que el engaño me diera   870
     contra Elbira el fin que yntento.

VELLIDO. Haz que Ançures la convença
     a que con quatro soldados
     salga del muro a estos prados,
     quel sol a bordar comiença,   875
      dándole palabra y fee
     que bendrás con otros tantos,
     dejando lejos a quantos
     con tus esquadrones be,
      para tratar cierta cossa,   880
     y ten en celada jente
     con que la prendas.

ANÇURES.   Bien siente
     Bellido una açaña honrrosa.[1]

DON SANCHO. Llega, Ançures, que allí beo
     en las almenas mi herm[an]a.   885

ANÇURES. Yo boy.

    Sale doña Elbira en lo alto.[2]

DON SANCHO. Si a benir se allana,
     oy tiene fin mi deseo.

ANÇURES. ¡A, del muro!

ELBIRA.   ¿Sois de paz?

ANÇURES. El Conde Ançures me nombro.
     ¡Qué bien parece el engaste   890
     de acero a tan bello rostro!

---

[1] *A B C Sale doña Elvira en el muro armada.*   [2] *A B C* omitted

886 si] *A B C* omitted

	Ansí pintaban a Palas	
	los riços cabellos de oro,	
	con todo un jardín de plumas	
	en el morrión lustroso.	895
	Pocos deseos mostráis [*fol.* 17r.]	
	de casaros, pues si a todos	
	el pecho cubrís de acero,	
	no entrará amor cauteloso.	
Elbira.	¿Qués, conde, lo que queréis?	900
Ançures.	V[uest]ro herm[an]o a dado un modo	
	con que seguros habléis	
	en esta campaña.	
Elbira.	¿Cómo?	
Ançures.	Alejando su esquadrón,	
	y biniendo a beros solo,	905
	y aciendo bos otro tanto.	
Elbira.	Decilde que le conozco,	
	y que no soy yo tan necia	
	que, si a este muro me pongo	
	segura, ponerme quiero	910
	en casso tan peligroso;	
	que busque otro ardid mejor	
	para prenderme.	
Ançures.	Yo torno	
	con la respuesta.	
Elbira.	Esto digo.	
Ançures.	Tretas aprouechan poco.	915
Don Sancho.	¿Qué ay, Ançures?	
Ançures.	Que no quiere;	
	que dice que sus negocios	
	tratará bien desdel muro,	
	que no en peligro notorio,	
	y que la quieres prender.	920
Don Sancho.	¿Eso dice? A justo enojo	

---

895 morrión] *MS.* morion   898 el pecho cubrís de acero] *C* cubrís el pecho de acero   908 soy yo] *MS.* soyo   913 yo] *A B C* ya

	me a mouido. ¡Ola, soldados!	
	¿está el Cid entre bosotros?	

Sale el Cid.

CID.	Aquí estoy para serbirte.	
DON SANCHO.	Cobardes, Rodrigo, somos,	925
	si a esta mujer no quitamos [*fol.* 17*v.*]	
	oy, por las manos, a Toro.	
	¿Qué aguardas? Pongan escalas,	
	porque yo mejor me arrojo	*Soldados ponen escalas.* ¹
	a las armas que al engaño.	930
ELBIRA.	¡A, soldados valerosos!	
	escalas ponen al muro;	
	buenos sois, aunque sois pocos.	
	Defended estas almenas,	
	que os prometo en premio a todos	935
	joyas y ricas preseas,	
	premios y oficios honrrosos.	

Salen arriba Nuño Belázquez, y soldados. ²

NUÑO.	Si yo con tu boz, señora,	
	como en el metal sonoro,	
	para acometer se anima	940
	el caballo jeneroso,	
	animo las flacas fuerças,	
	¿qué harán los hidalgos moços?	
DON SANCHO.	¡Elbira!	
ELBIRA.	¿Quién es?	
DON SANCHO.	Tu hermano.	
ELBIRA.	¿Tú mi hermano?	

---

¹ *A B C* omitted.   ² *A B C Salen en lo alto Nuño Velázquez y soldados. MS. Sale,* etc. as above.

926 esta] *A B C* una / in *MS.*, "prendemos" deleted before "quitamos"
927 manos] *A B C* armas   928 aguardas] *A B C* aguardáis / pongan] *C* vengan   930 al engaño] *B* el engaño   942 fuerças] in *MS.*, appears as "fueças"

Don Sancho.	Escucha un poco,	945
	ya que tan cerca nos bemos.	
Elbira.	Digo, señor rey, que escojo	
	este partido no más,	
	porque yo no me acomodo	
	a hablaros en la campaña,	950
	ni a daros entrada en Toro;	
	que esos consejos, don Sancho,	
	nunca son del Cid famoso.	
	Yo apostaré la ciudad	
	que os los dio Bellido Dolfos.	955
Don Sancho.	Deja las armas, Elbira;	
	mira, herm[an]a, que me corro	
	de sacarlas contra ti. [fol. 18r.]	
Elbira.	Pues, bete, hermano piadoso,	
	y déxame en mis almenas.	960
Don Sancho.	Si al asalto me dispongo,	
	¿cómo no ues que este muro	
	quedará de sangre rojo?	
Elbira.	Sí quedará, mas será	
	de la v[uest]ra.	
Don Sancho.	Pues, yo rompo	965
	la obligación de la sangre.	
Elbira.	Y yo la defensa tomo,	
	que si fueras el jigante	
	que tubo el cielo en el hombro,	
	no pusieras pie en el muro.	970
Don Sancho.	Mira, hermana, que eres mostro,	
	porque con tanta hermosura	
	tienes pensamientos locos.	
Elbira.	El loco, el mostro, eres tú,	
	pues que tú, herm[an]o aleboso,	975
	me quieres quitar la erencia.	
Don Sancho.	Daréte yo mis tesoros	
	en cambio desta ciudad,	

---

954 ciudad] *A B C* cabeza   962 ues] *A* vees   969 el hombro] *A B C* los ombros   971 mostro] *A B C* monstruo   974 mostro] *A B C* monstruo

	que ymporta a mi reyno todo	
	que no la tenga mujer.	980
Elbira.	Los tesoros te perdono,	
	que ya sé que me darás	
	un escuro calaboço	
	de alguna torre, en que pase	
	mi bida, sin ber mis ojos	985
	la luz del sol para siempre.	
Don Sancho.	¡A qué furia me proboco!	
	¿Tan fuerte defensa tienes?	
Elbira.	Eslo este Toro animoso;	
	en él bibo confiada.	990
Don Sancho.	¡Mataréle si le corro!	
Elbira.	Pues, ¡ánimo, que ya estás [*fol.* 18v.]	
	con este toro en el cosso!	
Don Sancho.	Europa debes de ser,	
	mira que te engaña el toro.	995
Elbira.	¡Ea, no gastes palabras!	
Don Sancho.	¿No aprouecha?	
Elbira.	Esto respondo.	
Don Sancho.	¿Qué os paresce, Cid baliente,	
	lo que pasa por nosotros?	
Cid.	Que al rebés se be la istoria	1000
	de Ulises el griego.	
Don Sancho.	¿Cómo?	
Cid.	Porque tú cantas engaños,	
	nabegante cauteloso,	
	y siendo Elbira sirena,	
	tiene los oýdos sordos.	1005
Don Sancho.	¡Toca al arma y al asalto!	
	A quien este pendón rojo	
	pusiere en aquella torre,	
	le daré a Elbira en despojos.	

1003 cauteloso] *A B C* temeroso   1008 torre] *A B C* almena   1009 en despojos] *A B C* y a Toro / in *MS.*, "y a Toro" crossed out and "en despojos" written in

Suben soldados por las escalas y los de arriba se defienden con alcanciaços y cuchilladas. [1]

Ançures.	Retírate, gran señor.	1010
Don Sancho.	¡Estraño caso!	
Bellido.	¡Espantoso!	
Cid.	El capitán es un ángel,	
	y los soldados demonios.	
Don Sancho.	¿Ay tal balor de mujer?	
Cid.	Por singular la corono.	1015
Ançures.	Déle el dios Marte su encina	
	y Alcides sus ojas de olmo.	
Cid.	Basta el asalto, señor. [*fol.* 19r.]	
	Retírate.	
Don Sancho.	Boy furioso. *Vasse.* [2]	
Elbira.	Hidalgos, quando quisieren,	1020
	boluerán a darnos otro.	
	¿Qué pensaban las gallinas,	
	que era arroyuelo ese fosso?	
	Pues, haránle un mar de sangre,	
	y será mar, que no arroyo,	1025
	y entonces berán rodando	
	del muro sus cuerpos troncos,	
	que doncella se pasea	
	por las almenas de Toro.	1029

fin

(Alabado sea Els[elentísi]mo sacram[ento] y la pureça y limpieça de la sereníssima Reyna de los ánjeles, concebida sin pecado orijinal.)

Rubric

---

[1] *A B C* Suben por las escalas, que han de estar puestas con rodelas, y espadas; defiéndense de arriba con alcancías y espadas.   [2] *A B C* omitted

1025 arroyo] MS. aroyo

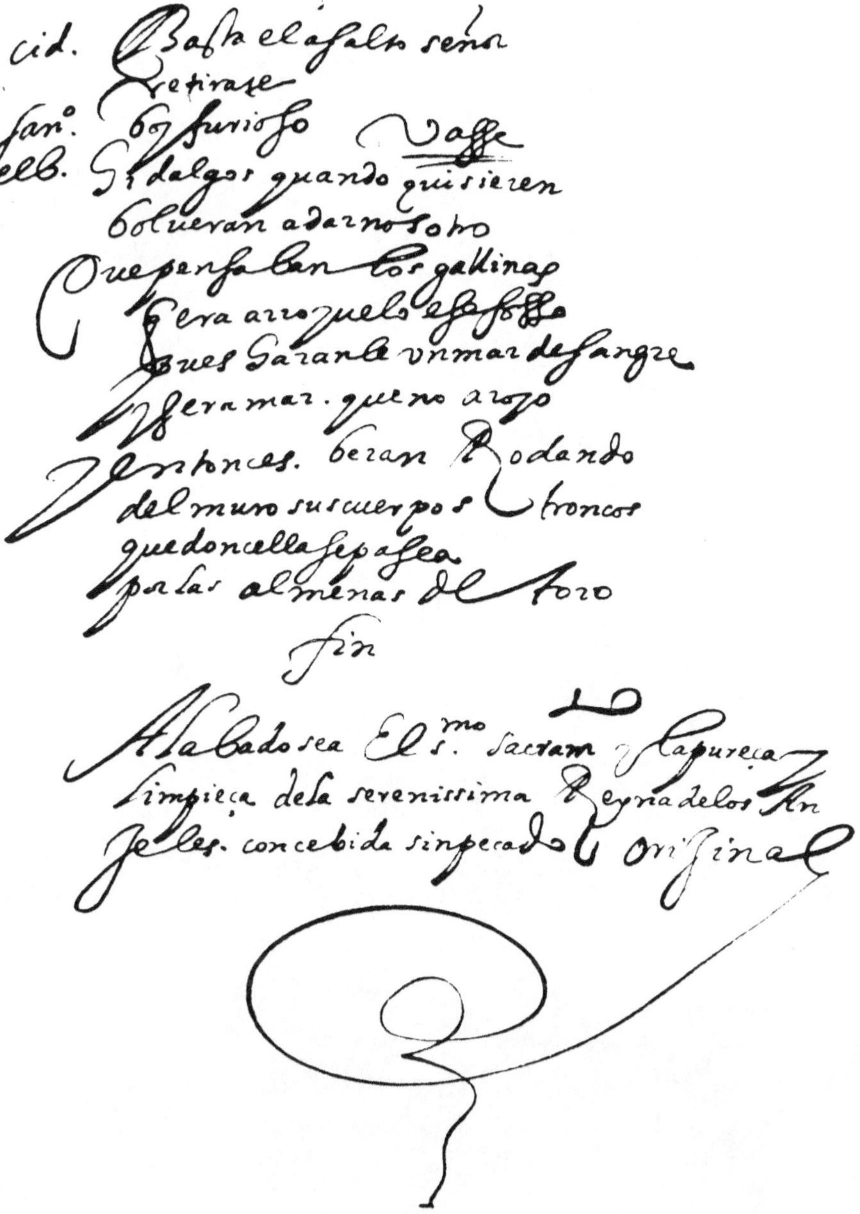

cid. Basta el asalto señor
    retirase
Sanº. boy furioso   vasse
Celb. Hidalgos quando quisieren
    bolueran adarnos otro
    Que penssaben los gallinas
    Sera arroyuelo esse foso
    pues Saranle vn mar de sangre
    no sera mar. que no arroyo
    Entonces. beran Rodando
    del muro sus cuerpos troncos
    que doncella sepassea
    por las almenas de toro
        fin

Alabado sea El s.mo sacramto y la pureza y
limpieza de la serenissima Reyna de los An
geles. concebida sin pecado orijinal

PLATE IV

Almenas de Toro
2.º
Orijinal

ALMENAS DE TORO [fol. 22r.]

Acto segundo

Salen Suero y doña Sancha.

SUERO.	¿Tanto contento te a dado	1030
	que Ramiro en casa quede?	
SANCHA.	El mismo que darte puede	
	por ser un hidalgo onrrado.	
	Bino, qual saues, aquí,	
	herido de unos traidores,	1035
	caso de ymbidia y de amores,	
	questo nunca lo entendí.	
	Curó cuidadosamente	
	don Bela, mi padre, dél,	
	y aunque de peligro en él,	1040
	la herida y el acidente,	
	fue Dios seruido, que presto	
	tubiese entera salud;	
	lebantóse, y en birtud	
	de agradecimiento onesto,	1045
	en su cassa se a quedado.	
SUERO.	¿Y en el campo a de seruir	
	hombre que bimos benir	
	en ábito tan honrrado?	
SANCHA.	Pues, ¿traía alguna cossa	1050
	fuera de aquella esclabina?	

---

[1] *A B C* omitted   [2] *MS.* accto segundo

1030 te a dado] *A* te ha da dado   1036 caso] *A B C* casos

SUERO.	Un calçón de tela fina	
	y una guarnición costosa;	
	la camisa era de olanda,	
	tan sutil que no es ygual	1055
	el más delgado cendal	
	con mucho pespunte y randa.	
	Yo de tu padre me admiro, [fol. 22v.]	
	que en ábito labrador	
	quiera tener el balor	1060
	de un hombre como Ramiro.	
SANCHA.	Suero, si acasso los dos	
	algo tratan de secreto,	
	que no lo sé, te prometo.	
SUERO.	¿Engáñasme?	
SANCHA.	No, ¡por Dios!	1065
SUERO.	Pues, yo pensé que te abía	
	dado parte de quién es.	
SANCHA.	Antes me dixo, después,	
	que en cassa le resciuía,	
	que era buen hom[br]e estranjero,	1070
	que peregrinó a Santiago,	
	vajó de Francia, y que en pago	
	de un amor tan berdadero,	
	como en curarle mostró,	
	se quedaba en su seruicio.	1075
SUERO.	Sí; pero, ¿en tan bajo oficio?	
SANCHA.	Ya estás necio; ¿qué sé yo?	
	bete, Suero, a tu labrança,	
	lleba al campo el açadón,	
	trata las cosas que son	1080
	de lo que tu ynjenio alcança.	
	Contenta el buey con el heno,	
	adereça el carro, y ponte	
	para traerle del monte	
	de secas encinas lleno.	1085

1070 buen] C un   1079 el açadón] A B C tu açadón   1080-81 in MS., the words "de tu yngenio y tu" are crossed out   1082 el buey] A B C al buey   1085 encinas A B C sabinas

	Haz unas migas que de ellas	
	coma el rey, qual decir sueles,
	prebén de frontil de pieles
	y coyundas las camellas,
	y en las cossas de los amos,	1090
	cóssete la boca, Suero	[*fol. 23r.*]
SUERO.	Por tratar al estranjero,
	ya que en una cassa estamos
	con alguna mayoría,
	quién era te pregunté;	1095
	perdona, Sancha.
SANCHA.	Esto sé.

Salen don Bela y Enrique de labrador.[1]

ENRIQUE.	Abéisme puesto este día
	con v[uest]ro nom[br]e en la cara
	la señal que e de tener.
DON VELA.	Esto os puede entretener	1100
	en tanto que se repara
	del todo v[uest]ra salud.
ENRIQUE.	Yo no la quiero mayor
	que teneros por señor.
DON VELA.	Yo estimo v[uest]ra virtud;	1105
	Sancha, yo tengo que yr
	a la heredad, no bendré
	hasta la tarde.
SANCHA.	Ya sé
	lo que me quieres decir;
	parte, que ya Nuño estaba	1110
	ensillando el alaçán,
	pero mira que el gabán,
	en tanto que no se acaba

---

[1] *A B C Salen don Vela y Enrique.*

1088-89   prebén de frontil de pieles/ y coyundas las camellas] *A B* y enreda de cuerda, y pieles, / las coyundas y camellas *C* y enreda la cuerda y pieles / las coyundas y camellas   1092   al estranjero] *A B C* del extranjero   1103   mayor] *A B C* mejor

	la guerra del rey en Toro,	
	no me paresce defensa.	1115
Don Vela.	Pues, ¿quién a de acer ofensa	
	a quien a temblado el moro?	
Sancha.	Dicen que algunos soldados	
	bienen al monte a buscar	
	sustento, porque el lugar	1120
	adonde están alojados [*fol*. 23*v*.]	
	es estéril, y aunque fuera	
	fértil, como tantos son,	
	les faltará prouisión.	
Don Vela.	Ríndase Elbira, ¿qué espera?	1125
	Que si el rey Sancho, su herm[an]o,	
	dura en el cerco, mal puede	
	defenderse.	
Sancha.	Como q[ue] de	
	libre por todo el berano,	
	ten por cierto que el ynbierno	1130
	don Sancho el cerco lebante.	
Don Vela.	Elbira es muy arrogante	
	con poca jente y gobierno.	
Sancha.	Bien parece que te ynclinas	
	a Sancho.	
Don Vela.	Tengo afición	1135
	al rey.	
Sancha.	Con mucha raçón;	
	pero las partes diuinas	
	de doña Elbira son tales	
	y de tanta marabilla,	
	que a boces dice Castilla	1140
	que no las a bisto yguales;	
	por lo menos, Toro está,	
	hasta agora, defendida,	
	sin que le queste una bida.	
Don Vela.	Si el rey porfía, ¿qué hará?	1145
Sancha.	Lo que a hecho con balor	
	de capitán.	
Don Vela.	Yo lo creo.	

SANCHA.	Que bença Elbira deseo;	
	que la tengo mucho amor.	
DON VELA.	Eres mujer, pero adbierte	1150
	que ay un Cid y un Conde Ançures [*fol.* 24r.]	
	con el rey.	
SANCHA.	Aunque murmures	
	de mi amor, no ay Cid tan fuerte	
	como una mujer gallarda	
	en defensa de su onor.	1155
DON VELA.	Boyme, que te engaña amor. *Vasse.*[1]	
SANCHA.	Puede ser; Ramiro, aguarda.	
ENRIQUE.	¿Qué mandas en tu seruicio?	
SANCHA.	¿Qué oficio tienes acá?	
ENRIQUE.	El ques tu esclabo, tendrá	1160
	por honra qualquier oficio;	
	al campo me mandan yr	
	mientras que se coje el pan.	
SANCHA.	Humilde oficio te dan.	
ENRIQUE.	Adonde es honra el seruir,	1165
	qualquier oficio lo es.	
SANCHA.	Tengo cuidado de ti	
	desde que benirte bi	
	con noble sangre, francés.	
ENRIQUE.	¿Qué cuydado te desbela?	1170
SANCHA.	Ber que, biendo tu bestido,	
	en resciuirte aya ido	
	tan ygnorante don Bela,	
	que no se conciertan bien	
	la tela y pardo sayal.	1175
ENRIQUE.	Tanbién él lo entendió mal,	
	y me lo dixo también;	
	pero respondíle yo	
	que, pidiendo cierto día	
	limosna en la patria mía,	1180
	un príncipe me le dio.	

---

[1] *A B C* omitted

1148-49 in *MS.*, these lines are assigned to don Vela   1160 El ques tu esclabo] *A B* Es quien esclavo *C* Quien es esclavo   1181 le] *A B C* la

	De suerte que aquel bestido		
	no era cossa natural		
	en mí, como este sayal	[fol. 24v.]	
	de que agora estoy bestido,		1185
	sino traxe de un señor		
	que, hallado en cierto camino,		
	bistió un pobre peregrino.		
SANCHA.	Principio tengo de amor;	Aparte.[1]	
	Pues escusemos enojos;		1190
	aunque amor tenga disculpa,		
	no ponga el alma la culpa		
	a las niñas de los ojos,		
	que, aunque por disculpas mías,		
	di yo su facilidad,		1195
	al rendir la boluntad		
	con pesadas niñerías...		
	Vete, Ramiro, a tu acienda.		
ENRIQUE.	¿Mandas otra cosa?		
SANCHA.	No.		
ENRIQUE.	Lo que Bela no entendió,		1200
	quiere amor que Sancha entienda;		
	mas yo la desbelaré		
	del cuidado del bestido,		
	mientras que estoy escondido		
	y de mis contrarios sé.		1205
	Mas, sabráse mi balor,		
	si esta mujer me ace guerra,		
	porque no ay lince en la tierra		
	de mayor bista que amor.	Vasse.	
SANCHA.	El agua que corrió de clara fuente		1210
	por cristalino surco al berde prado		
	detiene el labrador, porque al sembrado		

---

[1] Omitted in *A B C*

1186 sino] *B* sii no 1187 hallado] *A B C* hallándose / cierto] *A B C* un / in *MS.*, "cierto" is deleted and "un" written above it 1189 Principio] *A B C* principios 1195 di yo] *A B C* digo 1196 al rendir] *MS. A B* el rendir 1206 balor] *A B C* dolor 1212 el labrador] *A B* al labrador / al sembrado] *A B* el sembrado

acuda con más próspera corriente.
No sale el agua, que los muros siente
del césped, que por uno y otro lado 1215
cercan su arroyo, que en la presa atado,
hacen que al berde estanque el curso aumente.
Ansí suscede amor en sus antojos [fol. 25r.]
quando el onor de resistir se bale,
callando penas y sufriendo enojos. 1220
Déxale el alma que la presa yguale,
y brota por los cercos de los ojos,
o rompe la pared y junto sale. *Vase.*

Salen don Sancho y Bellido. [1]

Don Sancho.	¡Braba furia de mujer!	
	Las armas no acen efecto.	1225
Bellido.	Nunca las bence el discreto	
	con la furia del poder.	
Don Sancho.	Pues, ¿con qué?	
Bellido.	Con la ynbención	
	y ardid de un tramoso engaño.	
Don Sancho.	¿Ay alguno?	
Bellido.	El más estraño	1230
	que tubo ymajinación.	
Don Sancho.	¿Cómo?	
Bellido.	Ymbíale un recado	
	de que te quieres casar	
	con ella.	
Don Sancho.	Debes de estar	
	loco.	
Bellido.	¿No se abrá casado	1235
	con su hermana rey alguno?	

---

[1] *A B C Salen D. Sancho y Bellido Dolfos.*

1213 corriente] MS. coriente   1216 arroyo] MS. aroyo   1217 el berde estanque] *A B C* a ser estanque   1219 de resistir se bale] *A B* del ressistirse vale *C* de resistirse vale   1225 acen] *A B C* harán   1229 tramoso] *A B C* famoso

| | Demás, questo no a de ser
             para hacerla tu mujer
             ni acer al Papa ymportuno,
                 sino para que, entretanto   1240
             que se trata, abra las puertas
             de Toro.
DON SANCHO.   Tú desconciertas,
             y de tu ynjenio me espanto;
                 que Elbira no a de quererme   [fol. 25v.]
             para su marido a mí.   1245
BELLIDO.   Ya se canta por aý,
             y hasta en la cama se duerme
             el niño con las canciones
             que se an hecho a las almenas
             de Toro, y estarán llenas   1250
             de tu istoria mill naciones;
                 y pues todos an sabido
             que te enamoraste de ella,
             no será ympusible en ella
             que quieres ser su marido.   1255
DON SANCHO. No quiero yo que se diga
             de mí cosa semejante;
             hoy bienes muy ygnorante,
             Bellido.
BELLIDO.   Tu amor me obliga
                 a darte ymajinaciones   1260
             de arbitrios desatinados.
DON SANCHO. Mucho ofenden los estados
             de arbitrios con sinrraçones.
BELLIDO.   ¿Qué darás a quien tu jente
             ponga en Toro?
SANCHA.   Es mi deseo   1265
             tanto, Bellido, que creo

1239 acer] *A B C* ser   1243 espanto] *B* aspanto   1250 de Toro] *MS*. omitted / y estarán] *C* y aún están   1254 ympusible] *A B C* imposible   1255 quieres] *A B* quieras   1261 arbitrios] *MS*. adbitrios   1262 ofenden los estados] *MS*. ofende en los estados   1263 de arbitrios] *MS*. adbitros

	que diera mi reyno.	
BELLIDO.	¡Tente!	
	¿Tiénesme por caballero?	
DON SANCHO.	Pues, eso, ¿no es cosa llana?	
BELLIDO.	¿Puede merecer tu herm[an]a?	1270
DON SANCHO.	Puedes, Bellido.	
BELLIDO.	Pues, quiero	
	que esa palabra me des.	
DON SANCHO.	Yo la casaré contigo.	[fol. 26r.]
BELLIDO.	A darte a Toro me obligo.	
DON SANCHO.	Y yo a mi herm[an]a después.	1275
BELLIDO.	Dame mill hombres.	
DON SANCHO.	Con ellos	
	bendrá el Cid.	
BELLIDO.	El Cid esté	
	en su tienda; que yo haré,	
	si ay en la ocasión cabellos,	
	más quel Cid; pero as de estar	1280
	con la demás jente alerta;	
	que yo te daré la puerta	
	por donde puedas entrar.	
DON SANCHO.	Fío de tu injenio raro,	
	Bellido, qualquier ardid.	1285
BELLIDO.	No le digas nada al Cid,	
	rey y señor, porques claro	
	que a de ympedir qualquier cosa	
	que le parezca ynbención,	
	porque es estraña afición	1290
	la que tiene a Elbira hermosa,	
	que sospecho que, a no estar	
	con Jimena desposado,	
	secreto hubiera tratado	
	lo que te diera pesar.	1295
	Por lo menos, él desea	
	ber el reyno en tus herm[an]as:	

1294 secreto hubiera tratado] *A B C* con ella huuiera tratado

	señales ciertas y llanas	
	de que el gobierno desea;	
	que, si reinase mujer,	1300
	claro está quel Cid sería	
	el solo rey que tendría	
	Castilla.	
Don Sancho.	No puede ser; [*fol. 26v.*]	
	que quando faltase yo,	
	es don Alonso, mi herm[an]o,	1305
	forçoso heredero.	
Bellido.	Es llano;	
	pero, si el Cid se mostró	
	parcial de Hurraca y Elbira	
	desdel día que en el cielo	
	viue tu padre, recelo	1310
	que a mayor gobierno aspira;	
	que también podría ser	
	dando un beneno a Jimena,	
	porque, aunque Jimena es buena,	
	querrá a Elbira por mujer;	1315
	que aunques con Jimena humano,	
	y la estima y encarece,	
	yo sospecho que aborrece	
	sangre del Conde Loçano.	
Don Sancho.	Calla, Bellido, que tienes	1320
	pensamientos atrebidos.	
Bellido.	Y tú de rey los oýdos,	
	que tarde a dárselos bienes	
	a la encubierta berdad.	
Don Sancho.	Algo te a ofendido.	
Bellido.	¿A mí?	1325
	Antes, desde que nací,	
	tengo con él amistad.	
Don Sancho.	El amigo que murmura,	
	y más delante del rey,	

1313 dando] *A B C* dar   1320 Bellido] *A B C* villano

	de su amigo, ¿por qué ley	1330
	se llama amistad segura?	
BELLIDO.	¿Deben de cantar en bano,	
	desdel hidalgo al que el trigo	
	siembra, aquello de Rodrigo,	
	el soberbio castellano?	1335
	Y el dejar hija del rey [fol. 27r.]	
	por hija de su basallo,	
	que adelante dice el bulgo,	
	¿son ynbenciones que hago	
	para despreciar al Cid?	1340
DON SANCHO.	Aora bien, trata, Bellido,	
	de lo que me as prometido	
	con este famoso ardid;	
	que quando el Cid se casara	
	con Hurraca o con Elvira,	1345
	en quanto el sol cerca y mira,	
	ninguna de ellas hallara	
	hom[br]e de tanto balor,	
	ni más amado y temido.	
BELLIDO.	¿Quién? ¿El Cid?	
DON SANCHO.	¡Calla, Bellido!	1350
	Que es mi ygual, si no mejor.	
BELLIDO.	La noche a cubierto el suelo,	
	dame los mill hombres.	
DON SANCHO.	Ben.	
BELLIDO.	Oy berás, señor, a quién	
	debes más amor y celo.	1355
DON SANCHO.	Bellido, en las cosas grabes,	
	de ti me confío yo;	
	mi padre al Cid me dejó	
	encargado, como saues,	
	y yo soy muy enemigo	1360
	de oír ni hablar mal de ausentes.	

1333 in *MS.*, "que" is deleted between "desdel" and "hidalgo"   1336 del rey] *A B C* de rey   1340 despreciar] *A B C* desprivar   1351 *MS. A B* this line given to Bellido   1352 suelo] *A B C* cielo   1360 enemigo] *MS.* enemigos   1361 de oír ni] *MS.* de huir

	Ben, porque esta açaña yntentes,
	a cuyo premio me obligo.
BELLIDO.	Mis buenos yntentos mira.
	y que a doña Elbira adoro. 1365
DON SANCHO.	Aunque me ganéis a Toro,
	no casaréis con Elbira. *Vanse.*¹

Salen arriba soldados con guitarras.

FLORES.	¡A, del muro compañero! [*fol. 27v.*]
LAIN.	¿Qués, Flores? ¿Guardáis la prima?
FLORES.	Como a cigüeña, me an hecho 1370
	el nido en esta garita.
	Creo, Laín, que nos quieren,
	si no es la fama fingida,
	dar asalto aquesta noche.
LAIN.	Yo sé que no duerme Elbira. 1375
FLORES.	¡Notable mujer!
LAIN.	¡Famosa!
FLORES.	¿No es mal hecho que persiga
	este rey don Sancho un ángel?
LAIN.	Dicen ques celosa ymbidia
	de que otro en el mundo goce 1380
	mujer tan hermosa y linda.
FLORES.	¿Tienes, acaso, ynstrumento?
LAIN.	Y pretendo que me sirba
	de relox despertador
	quando el cansancio me oprima. 1385
FLORES.	Yo truxe el mío tanbién.
LAIN.	Baya, como el otro día,
	en música n[uest]ra bela.
FLORES.	començad.
LAIN.	Alzad la prima.

---

¹ omitted in *MS*.

1366 ganéis] *A B C* ganes   1367 casaréis] *A B C* casarás   1368 compañero] *A B C* compañeros   1370 hecho] *A B C* dado   1371 en esta] *A B C* desta   1378 un ánjel] *A B C* a un ángel   1381 tan hermosa] *A B C* tan discreta

Cantan.[1]	Belador que el castillo belas,	1390
	bélale bien y mira por ti,	
	que belando en él me perdí.	
Flores.	Mira las campañas llenas	
	de tanto enemigo armado.	
Lain.	Ya estoy, amor, descuidado	1395
	de belar en las almenas.	
Flores.	Ya que las campanas suenas,	
	toma exemplo y mira en mí,	
	que belando en él me perdí.	

Sale Bellido reboçado con algunos soldados.[2]

Bellido.	Venid todos con secreto, [fol. 27r.]	1400
	que bien será menester,	
	si pretendemos hacer	
	con nuestra benida efecto.	
	¿Está el rey lexos de aquí?	
Soldado.	Con el resto de la jente	1405
	quedó detrás detrás desta puente.	
Vellido.	Una trompeta le di	
	para segura señal.	
	Llama, que hay jente.	
Bellido.	¡A, del muro!	
Flores.	¿Quién es?	
Bellido.	¿Podré con seguro	1410
	hablar con el jeneral?	
Flores.	Pues, ¿quién sois?	
Bellido.	Soy de Zamora.	

---

[1] *A B C Cantan los dos.*   [2] *A B C Abaxo Bellido, armado, y tropa de soldados.*

1391 bélale] *MS.* vélate   1392 que belando en él me perdí] *MS.* que velando me perdí   1395 descuidado] *A B C* desvelado   1397-99 *A B C* given to Laín   1399 belando en él] *MS.* velando   1409 in *A B C: Soldado:* Llama. *Bellido:* ¡Ah, del muro! ¡Ah, del muro!   1410 in *A B C: Flores:* ¿Quién llama? *Bellido:* ¿Podré en seguro

FLORES.	¡De Çamora! Aquí esperad.	*Vase.* [1]
BELLIDO.	A Nuño Belázquez dad	
	nuebas de que llego agora.	1415
	Quedo, que comiença bien,	
	si no es que la caça asombre	
	mi desdicha.	

Sale Nuño Belázq[ue]z, y Flores arriba. [2]

FLORES.	Aquí está el hombre	
	pero no me a dicho quién.	
NUÑO.	Mirad no sea traición.	1420
FLORES.	Háblale tú.	
NUÑO.	¿Quién ba allá?	
	V[uest]ra boz conozco ya,	
	o me engaña el coraçón.	
	¿Es Nuño Belázquez?	
NUÑO.	Sí,	
	pero no os conozco a bos.	1425
BELLIDO.	Ofensa me acéis, ¡por Dios!	
	Decid a Elbira que aquí	
	don Diego Ordóñez está;	
	mas, esperad, caballero,	
	llebad la carta primero.	1430
NUÑO.	¿Carta? Pues, ¿cómo será?	
BELLIDO.	Echad una cuerda. [*fol. 28v.*]	
NUÑO.	Bien,	
	tomad y atalda,	
BELLIDO.	Eso hago,	
	y con esto satisfago	
	a que crédito me den.	1435
	Subilda.	
NUÑO.	Y a darla boy. *Vase.* [3]	

---

[1] omitted in *A B C* [2] *A B C Nuño, arriba del muro.* This direction appears between lines 1419 and 1420 in *A B C*
[3] omitted in *A B C*

1420 Mirad no sea] *A B C* Mira no trate

Bellido.	Ques de su herm[an]a decid.	
Soldado.	Bien comiença n[uest]ro ardid.	
Bellido.	Agora temblando estoy,	
	que la letra contrahice	1440
	de doña Hurraca, y querría	
	que creyese que le ymbía	
	estos mill hom[br]es que dice.	
Soldado.	¿No estaba bien contrahecha?	
Bellido.	Por estremo.	
Soldado.	Pues, su herm[an]a	1445
	la tendrá por cosa llana.	
Bellido.	Pienso que está sin sospecha,	
	porque don Diego salió	
	de berla de parte suya,	
	quando el rey bino.	
Soldado.	Si es tuya	1450
	la letra, ymajino yo	
	que abrá poca diferencia.	
Bellido.	Que no ay engaño presuma,	
	donde no interbiene pluma.	

Salen Elvira y Nuño Belázquez al muro. [1]

Nuño.	Es la mejor dilixencia.	1455
Elvira.	La carta sin duda es	
	de doña Hurraca, mi herm[an]a.	
Nuño.	En siendo la carta llana,	
	¿qué puedes temer después?	
Elvira.	Dice en ella que me ymbía	1460
	de socorro, con don Diego,	
	mil hombres; a hablarle llego	[*fol. 29r.*]
Nuño.	Llega primero que el día	

---

[1] *A B C Salen doña Elbira y Nuño, al muro.*

1447 está] *A B C* están   1453 presuma] *MS.* presumas   1454 interbiene pluma] *MS.* interbienen plumas   1456-57 in *MS.* between these lines "de mi hermana" are deleted   1463 llega] *A B C* Llegad

	los descubra en la campaña;	
	que si el rey los be, son muertos.	1465
ELVIRA.	Llegar sin ser descubiertos	
	no a sido pequeña haçaña.	
	¡Ha, del campo!	
BELLIDO.	¿Quién es?	
ELVIRA.	Decid, soldados,	
	¿está don Diego aý?	
BELLIDO.	Yo soy, señora.	
ELVIRA.	Don Diego amigo, ¿qué benida es ésta?	1470
BELLIDO.	¿Abéis leýdo ya de v[uest]ra herm[an]a	
	la carta?	
ELVIRA.	¿Y no bastara que biniérades,	
	don Diego Ordóñez bos, para dar crédito	
	al socorro que aquí me prometistes?	
BELLIDO.	Ya sabéis que yo soi más ynclinado	1475
	a v[uest]ro bien y a la raçón, ques justo,	
	que no a don Sancho, v[uest]ro fiero herm[an]o.	
	Abrid, señora, que se acerca el día,	
	metamos esta jente con secreto.	
ELVIRA.	¡O, qué buenas albricias os prometo!	1480
	¡Ola, Nuño Belázquez!	
NUÑO.	Mi señora...	
ELVIRA.	Alçá el rastrillo, abrí la puerta.	
NUÑO.	¡Ayuda,	
	aquí soldados!	
BELLIDO.	Si el rastrillo baja,	
	ese carro encajad.	
	Toca la caxa.	

Tocan la caja, salen don Sancho, el Cid, el Conde y soldados; ay dentro ruido de espadas.[1]

---

[1] MS. *Tocan la caja, sale,* etc. *A B* Tocan, sale el rey don Sancho, y el Cid, el Conde, y soldados, y diga Sancho: *C* Tocan, salen, etc. as *A B*
1469 aý] *C* omitted   1472 bastara] *A B* basta *C* bastaba   1481 Ola] *A B C* Está   1482 abrí] *A B* abri luego *C* abrid luego / Ayuda] *A B C* omitted   1483 Si... baja] *A B C* line assigned to *Soldado* and reads: "Sí, el rastrillo baja."

Don Sancho.	La seña es ésta; ya la puerta abrieron.	1485
Cid.	¡Estraña yndustria!	
Ançures.	¡Yndustria de Bellido!	
Dentro.¹	¡Biba don Sancho, biba el rey don Sancho!	
Elbira.	¡Aquí, Nuño Belázquez! ¡Arias! ¡Bélez!	
	¡A la puerta, a la puerta, que es engaño! [fol. 29v.]	
Nuño.	Engaño a sido del traydor Bellido.	1490
Elbira.	¡Nuño, ponedme en salbo con decoro!	
Bellido.	¡Viva don Sancho!	
Elbira.	¡Yo e perdido a Toro! Vanse.	

*Salen Enrrique y Tello i Suero con bieldos.*²

Tello.	¡Lindo tiempo de aventar!	
Nuño.	No le puede hacer mejor.	
Enrique.	Oy se hará linda labor.	1495
	Bien merecéis almorçar.	
Suero.	¡Pardiez, Ramiro, que ya	
	no hubiera señor honrrado	
	que no nos lo hubiera dado!	
Enrique.	Presto Sicilia bendrá,	1500
	o doña Sancha por dicha,	
	que gusta de ber las eras.	
Suero.	Ya sée que si tú la vieras.	
Enrique.	Yo doy la raçón por dicha,	
	no pases más adelante,	1505
	que eres malicioso, Suero;	
	que yo, quando quiero, quiero	
	mi ygual y mi semejante.	
	Soy un pobre peregrino,	
	y agora aquel labrador	1510
	que a bibir de su sudor	

---

¹ *A B C* omitted ² *A B C Salen Tello, Suero, Nuño, Enrique, con vieldos.* / bieldos] *MS.* bielos

1485 La seña es ésta] *A B C* omitted / in *MS.*, "pues" deleted between "La" and "seña"   1493 aventar] *MS.* albentar   1498 hubiera] *A B C* huera   1499 que no] *A B C* si no   1500 Sicilia] *A B C* Salicia   1509 pobre] *A B C* hombre   1511 sudor] *A B C* valor

	a v[uest]ras montañas bino,	
	es don Bela, como beis,	
	de Diego Laínez primo,	
	padre del Cid.	
Nuño.	Y yo estimo	1515
	que en tal materia os piquéis,	
	porque yo pienso que Suero	
	es tan biçarro, que adora	
	no menos que a su señora.	
Enrique.	¡Que en un cuerpo tan grosero	1520
	quepa un alma tan jentil [fol. 30r.]
	y de tan buen pensamiento!	
	Yo enbidio el atrebimiento.	
Tello.	Amor, Ramiro, es subtil,	
	y tal bez, para mostrar	1525
	sus haçañas, hace efectos	
	en necios como en discretos.	
Suero.	Ningún necio puede amar,	
	porque el amor es sentir,	
	y quien no siente, no ama.	1530
Enrique.	Siendo natural la llama,	
	también os puedo decir	
	que se ama naturalmente,	
	y ansí, en poco entendimiento,	
	puede caber sentimiento,	1535
	si es natural lo que siente.	
	No veis un pájaro amar,	
	y cómo el amor le enseña,	
	ya en el árbol, ya en la peña,	
	a llorar y suspirar?	1540
	¿No beis la tórtola parda	
	cómo, de su esposo ausente,	
	jime su amor tiernamente,	
	y de ofendelle se guarda?	
	¿No veis un toro celoso	1545

1513   como beis] *A B C* qual sabéis   1514   primo] *MS*. sobrino   1515   padre] *A B C* el padre / y yo estimo] *A B C* estimo   1519   no menos] *A* menos   1529   amor] *B* amar   1540   y suspirar] *A B C* y a suspirar

descorteçar con las puntas
dos o tres encinas juntas
de su contrario ynbdioso?
 ¿No beis un cierbo en la selba
dar bramidos, y el baliente 1550
caballo mostrar que siente
que a sus relinchas no buelba
 la yegua que pace el prado,
descuidada de su amor?
¿No beis?

SUERO. Si tratar de amor, 1555
Ramiro, me a disculpado
 por sentir naturalmente, [*fol*. 30*v*.]
no pases más adelante,
que yo, y qualquier elefante,
sentiremos suciamente. 1560
 Aman abes y animales,
aman los peces del río,
y en su mismo centro frío
dan de su fuego señales.
 Aman los perros, las monas, 1565
los machos y los rocines,
y suspiran por sus fines,
como si fueran personas;
 mas todo es poco ygualado
al tierno y gruñido amor 1570
de un gato maullador
por enero en un tejado.
 ¡Qué cossa es belle rondar,
haciendo espada la cola,
si no está la gata sola, 1575
que nunca lo suele estar!
 Pues, si acaso ay dos o tres,
¡qué dama y qué melindrosa!
Se relame desdeñosa
 el lomo, el cuello, y los pies; 1580

1552 relinchas] *A B C* bramidos   1561-64 omitted in *A B C*

llega el gataço atrebido,
y dícele su raçón,
en lengua que Salomón
no se la hubiera entendido;
   y ella, en un tiple falsete,   1585
respóndele que se vaya;
él le promete una saya,
y ella, un fabor le promete.
   Los gatos, que en torno están,
ya con los celos crueles,   1590
suenan colas y broqueles,
y acia la gata se ban.
   Desónrranse unos a otros,   [fol. 31r.]
hasta llamarse fulleros,
eriçan los lomos fieros,   1295
y enpínanse como potros;
   comiénçase una quistión
que suele durar un día;
la lengua es algarabía,
celos y amor la ocasión.   1600
   No ay quien en la paz se halle,
no ay quien los benga a prender,
y pára todo en caer
desde el tejado a la calle.

Sale doña Sancha.

SANCHA.   ¿No es ora ya de almorçar?   1605
ENRIQUE.   ¡O, que sea bien venida
el alba pura bestida
de lirio, clavel, y aça[ha]r!
SUERO.   ¿No abía en casa criadas,
nuesama?

1581 llega el gataço atrebido] *C* llégase el gato atrevido   1585 y ella] *A B C* ella   1586 respóndele] *MS.* respondelle   1587 él le] *C* él la   1588 y ella] *MS.* y él   1591 colas] *A C* cotas   1597 quistión] *C* cuestión   1601 quien en] *B C* en quien

SANCHA.	Agrádame el ber	1610

                  el hermoso amanecer
                  destas frescas alboradas.
                    Yo y Sol abemos benido,
                  quel almuerço traigo ya.

ENRIQUE.   El sol y bos, claro está,   1615
                  pues que bos le abéis traído.

SANCHA.   Yd [a] almorçar, que ya tiende
                  sobre el tapete del prado
                  pan blanco, bino estremado,
                  y tocino que traciende.   1620
                    Y tú, buelue por acá,
                  que tengo que hablarte.

ENRIQUE.   ¿A mí?
SANCHA.   A ti.
ENRIQUE.   Luego, buelbo aquí.   *Vanse, y queda doña Sancha.*[1]
SANCHA.   ¡Atrevido amor está!
                  No sé qué tengo, o dulce pensamiento,   1625
                  que en un instante mismo lloro y río;   [*fol.* 31*v.*]
                  solicito lo mismo que desbío,
                  y tengo en el temor atrebimiento.
                  Entristéceme a beces el contento,
                  y en la misma esperança desconfío;   1630
                  ¿qué puede ser el sentimiento mío,
                  pues sin sentir la causa, el daño siento?
                  Mas, quien a un tiempo espera y desconfía,
                  está triste y alegre, ¿qué pregunta?
                  Pues, ¿qué responde amor?—la causa es mía.   1635
                  Amor, que por la bista el alma apunta,
                  ¿qué quiere?—Espera, teme, abrasa, enfría,
                  y en un sujeto mil contrarios junta.

---

[1] omitted in *MS*.

1612 destas frescas alboradas] *A B C* de las frescas arboladas   1613 y Sol] *A B C* y el Sol   1614 traigo] *MS. A B C* trajo   1616 le] *A B C* lo   1625 o dulce] *A B C* dulce   1638 contrarios] *B* contrario

Sale doña Elbira.

ELVIRA.   Benigno y ayrado cielo,
 ayrado en aberme dado 1640
 un herm[an]o que a llegado
 al mayor rigor del suelo,
   y benigno en darme puerta
 para huir de su poder,
 donde me biniera a ber 1645
 sin remedio, presa o muerta:
   guiad por esta montaña
 una mujer sin decoro
 que biene huyendo del toro
 que piensa robar a España. 1650
   Ya el Toro que yo tenía,
 por engaño me quitó,
 que de tantos hombres yo
 le guardaba y defendía.
   Creí la carta engañosa, 1655
 y la letra, sin sospecha,
 tan al bibo contrahecha   [*fol. 32r.*]
 de aquella mano alebosa;
   creí la boz de Bellido,
 que ser don Diego fingió, 1660
 quando fuera bien que yo
 fuera sierpe en el oýdo.
   En efeto, fui mujer
 de quien se suele decir
 que pagan con el oýr 1665
 quanto engañan con el ber.
   ¡Ay, cielo, jente ay aquí!
SANCHA.   ¿Qué mujer es ésta? ¡Ay, Dios!
 Pues, yo no e traído a dos;
 truxe a Sol; Sol está allí. 1670

1639 Benigno y ayrado] *A B* Begnino aunque airado] *C* benigno aunque airado   1643 benigno] *A B* begnino   1670 a Sol] *A B C* Sol / allí] *A B C* aquí

	Tened, señora, no os bais.[1]	
ELBIRA.	Bengo con ciertos recelos,	
	aunque agradezco a los cielos	
	que en esta montaña estáis.	
	¿Viuís por aquí?	
SANCHA.	Muy cerca.	1675
	¿Cómo benís deste modo?	
ELBIRA.	Despacio lo sabréis todo,	

        Tened, señora, no os bais.[1]
ELBIRA. Bengo con ciertos recelos,
        aunque agradezco a los cielos
        que en esta montaña estáis.
            ¿Viuís por aquí?
SANCHA.   Muy cerca.   1675
        ¿Cómo benís deste modo?
ELBIRA. Despacio lo sabréis todo,
        que grande temor me cerca.
            Soy hija de un labrador,
        aunque me miráis en traje   1680
        tan diberso a mi linaje;
        y es la ocasión que un señor,
            enamorado de mí,
        me robó a mi padre agora,
        y en ábito de señora   1685
        me lleba a su tierra ansí;
            pero, abiéndole querido
        quitar la presa soldados,
        déstos tan mal dotrinados
        que Sancho a Toro a traído,   1690
            es él muerto en la refriega,   [fol. 32v.]
        y yo, a pie por esos robles,
        e llegado a esos pies nobles
        como quien al puerto llega.
            Suplícoos que me mandéis   1695
        dar un ábito grosero,
        que con él balerme quiero,
        y quéste en precio toméis,
            ques rico y es peligroso.
SANCHA. Tenéis bos mucha raçón,   1700
        aunque en tanta perfeción
        no es remedio prouechoso;
            porque en el pardo sayal
        seréis bella labradora,

---

[1] *A B C Haze que se va Eluira.*

1698   y quéste en precio toméis] *A B C y éste en precio tomaréis*

        Es el muerto en la refriega
        y a pie por esos robres
        y llegado a esos pies nobles
        como quien al puerto llega
        suplicoos que me mandeis
        dar un bito grosero
        que con el baler me quiero
        y que se en precio tomeis
San.ª   ¿Ues rico y es peligroso
        teneis bos muy gran con
        aunque en tal per fecion
        no tes remedio pronuesto.
        Por q en el pardo sayal
        sereis bella labradora
        como en la seda señora
Elb.   yo reque se me pa mal
        y grande bien me hareis
Sol.   plas sh
Elb.   a quien llamais
        pero no me descubrais
        si ayudarme pretendeis
        y a de benir aqui
        dejadme y mar escondida   ) sale Sol Labrador
San.ª   mientras que nidos le pida
        estad escondida alli
Sol.   pues ya la jente al muerco
        a ydo aca.
Elb.   miedo me da
        por q si el sol bien la
        me descubrira por fuera
Sol.   ¿Ues señora lo que quieres
Sart.   par si kania ce feria
        que dis fracan me queria
Sol.   con alguna sr mujeres
        ¿Ue sala q.da quiero ir
        y trai me ha bi bi in de color

                    PLATE V

	como en la seda señora.	1705
ELBIRA.	Yo sé quéste me está mal,	
	y que grande bien me haréis.	
SANCHA.	¡Ola, Sol!	
ELBIRA.	¿A quién llamáis?	
	Pero no me descubráis,	
	si ayudarme pretendéis,	1710
	y si a de benir aquí,	
	dejadme estar escondida.	
SANCHA.	Mientras vestidos le pida,	
	estad escondida allí.¹	
	¡Sol! Pues, ya la jente almuerça.	1715
	¡Oye, acá!	
ELBIRA.	Miedo me da,	
	porque si el sol biene acá,	
	me descubrirá por fuerça.	

Sale Sol labradora.

SOL.	¿Qués, señora, lo que quieres?	
SANCHA.	Parte a n[uest]ra casería,	1720
	que disfraçarme quería,	
	Sol, con algunas mujeres,	
	que a la v[ill]a quiero ïr,	
	y tráime de color	
	un bestido labrador.	1725
SOL.	El que te sueles bestir [*fol.* 33r.]	
	quando bamos al mercado,	
	será a propósito.	
SANCHA.	Parte.	
SOL.	Boy. *Vase Sol.*²	
SANCHA.	Aquí quiero aguardarte	
	hurtando flores al prado.	1730

---

¹ *A B C Escóndese Eluira.*
² *MS. A B* omitted

1705 seda] *A B C* ciudad   1707 haréis] *A B C* hacéis   1721 quería] *A B C* querría   1723 quiero] *A B C* quieren   1724 tráime] *A* traheme *B C* tráeme / "de bestir" deleted between "traime" and "de color" in *MS.*   1727 quando] *B* qunndo

	Bien puedes salir.	
ELBIRA.	Ya salgo,
	confiada y atrebida
	a poner honor y bida
	en buestro término hidalgo.
	¿Quién sois, señora?
SANCHA.	Soy hija	1735
	de don Bela, un caballero
	noble quel tiempo lijero
	quiere que gobierne y rixa
	estos montes, coronados
	de niebe y lana, algún día	1740
	de acero y jente, en que abía
	en bez de obejas, soldados.
ELBIRA.	¿Buestro nombre?
SANCHA.	Yo me llamo
	doña Sancha Bela. ¿Y bos?
ELBIRA.	Pasquala, y pluguiera a Dios	1745
	que tubiera tan buen amo
	como v[uest]ro padre noble,
	y a bos por señora mía.
SANCHA.	Mi pensamiento porfía,
	sin que otra raçón le doble,	1750
	a no creer ques berdad
	que sois quien decís; que a ser
	labradora y no mujer
	de otra noble calidad
	en mi cassa os resciviera;	1755
	mas bése en v[uest]ro decoro... [fol. 33v.]
ELBIRA.	Las galas, la seda, el oro,
	harán señora a qualquiera;
	si me hubiérades tratado
	en mi traxe labrador,	1760
	antes que aqueste señor
	me pusiera en tal estado,
	Vos me creyérades bien.
SANCHA.	Y, en efecto, honor os debe.

1755 os] *MS.* omitted   1762 en tal] *A B C* en este

Elbira.	Ya que mi lengua se atrebe	1765
	y mi bergüença también,	
	mientras biene Sol, benid,	
	que en este prado sentada	
	oyréis mi ystoria passada.	
Sancha.	Ya os boy creyendo; dezid.	1770
Elbira.	Allí, junto [a] aquella fuente	
	podremos mejor estar,	
	aunque, pues, e de llorar,	
	no es menester su corriente.	
Sancha.	Pasquala, no me engañéis,	1775
	que os aseguro, señora,	
	que podéis ser labradora,	
	mas que no lo parecéis. *Vanse.*[1]	

Salen el rey don Sancho, el Cid, Ançures, y Vellido.[2]

Don Sancho.	No puede ser victoria, ni se debe	
	este nombre al disgusto que e tenido.	1780
Cid.	Por bentura la ynfanta no se atrebe,	
	si te ymajina airado y ofendido.	
Ançures.	Esto no es mucho, ni temor la muebe.	
Don Sancho.	¿De qué estás triste y sin hablar, Bellido?	
Bellido.	¿Qué tengo yo de ablar, si en este día	1785
	heló tu yngratitud la lengua mía?	
	Elbira no pudiera aber huído [*fol. 34r.*]	
	de la ciudad, que tú, con pecho yngrato,	
	la escondes, a negarme preuenido	
	la promesa, la firma, y el contrato.	1790
	Y si de Ançures y del Cid a sido	
	consejo por ymbidia, que no trato	

---

[1] MS. omitted [2] *A B C Salen el rey don Sancho, el Cid, Ançures, y soldados.* MS. *Sale* etc.

1767 Sol] *B* el Sol   1772 podremos] *C* podemos   1773 e de] *A B C* es de   1774 corriente] *B* coriente   1779 ni se] *A B C* ni le   1780 disgusto] *A B C* discreto   1781 no se atrebe] *A B C* a vos se atreve   1786 heló] *A B C* viendo

	de mis merecimientos, no procures	
	mis armas donde están el Cid y Ançures;	
	que yo me yré a Zamora, y doña Hurraca	1795
	me dará sueldo y me honrraré su tierra,	
	porque saue el prouecho que se saca	
	de premiar los soldados en la guerra.	
Don Sancho.	Bellido, no aya más, la furia aplaca.	
	Mira, Bellido, quel despecho hierra,	1800
	mira que yo no te [he] engañado, i mira	
	que en Toro agora no parece Elbira.	
	Ella parescerá para premiarte.	
Cid.	Calla, señor, no digas tales cosas,	
	que tú tienes la culpa en ygualarte	1805
	a personas tan bajas y afrentosas.	
	¿Tú con Elbira, bárbaro, casarte?	
	¿Tú hablas, tú respondes, y tú osas	
	dezir que el rey te engaña y aces fieros?	
	¡Cobarde! Entre tan nobles caballeros,	1810
	¡biue Dios! si dixeras en ausencia	
	del rey estas palabras...	
Bellido.	Passo, paso,	
	Cid, menos furia.	
Cid.	¿Bastará paciencia	
	para sufrirte?	
Ançures.	¿Cid, déste hacéis caso?	
Bellido.	¡Qué bien todos pagáis mi dilijencia!	1815
Cid.	Di que corriste a Toro en campo raso,	
	sino con una capa de mentira,	
	y en premio quieres que te den a Elbira.	
	Anda, bete a Çamora, y ten por cierto	
	que no harás falta acá.	
Bellido.	¿Yo e merescido,	1820
	rey, lo que escucho? [fol. 34v.]	
Don Sancho.	No es aquel concierto	
	entre los dos para cumplir, Bellido;	

1800 despecho] *B* despacho   1809 aces] *C* hacer   1811 en ausencia] *C* en su ausencia   1814 para sufrirte] *A B* aquí a sufrirle *C* aquí a sufrir   1814 Cid] *A B C* Buen Cid / *A B C* line assigned to Sancho

	y pues que yo de la raçón te adbierto,	
	mira lo que yo tengo.	
BELLIDO.	¡Yngrato as sido!	
DON SANCHO.	¿Tú no engañaste a Elbira?	
BELLIDO.	Para darte	1825
	a Toro.	
DON SANCHO.	Pues, de ti aprendí a engañarte,	
	así pago yo engaño con engaño.	
BELLIDO.	No ymporta, que si cercas a Çamora,	
	no la entrarás por mí, ni la harás daño,	
	que a ser su defensor me parto agora.	1830
DON SANCHO.	Pues, de que voy allá te desengaño.	
BELLIDO.	Desde oy es doña Hurraca mi señora.	
CID.	¿Esto sufres?	
BELLIDO.	¿De engaño te gobiernas? *Vasse.*[1]	
CID.	Déjame que le siegue las dos piernas.	
DON SANCHO.	Dexalde, Cid, dejalde.	
ANÇURES.	Yo e callado	1835
	por no yncitar al Cid; mas, ¡biue el cielo!	
DON SANCHO.	Ançures, bueno está.	
ANÇURES.	¡Que este afrentado	
	hable desta manera!	
CID.	¿En todo el suelo	
	ay hom[br]e más traidor?	
DON SANCHO.	Tengo pensado	
	que tiene Elbira de mi amor recelo;	1840
	en buscalla seré mejor serbido.	
CID.	Tomad caballo y bamos tras Bellido. *Vanse.*[2]	

Salen don Bela y doña Sancha.

---

[1] *A B C Váyase Bellido.* In *A B C* this appears before line 1835
[2] *A B C Vanse todos con muchos cumplimientos y salen don Vela y doña Sancha. Vanse* is missing in *MS*.

1824 lo] *A B C* la / as sido] *A B C* he sido 1826 Pues] *A B C* omitted
1834 siegue] *A B C* corte   1837 Ançures] *A B C* omitted   1842
A B C line given to Sancho / caballo] *A B C* caballos

Don Bela.	¿Y es labradora, sin duda?	[fol. 35r.]
Sancha.	Ansí lo tengo creído	
	por la istoria que me quenta.	1845
Don Bela.	Pues, en efeto, ¿qué dixo?	
Sancha.	Que de cassa de su padre	
	la robó cierto Dionisio,	
	caballero noble en Francia,	
	y que con bestidos ricos	1850
	la llebaba a Compostela,	
	quando, en tropa y de ymprobiso,	
	la cercaron los soldados,	
	que con el rey an benido	
	sobre la ciudad de Toro;	1855
	y ella, por entre unos riscos,	
	se bino huyendo a tus eras.	
	Yo la puse aquel bestido,	
	y apenas con él se bio	
	quando, o fuese por finxirlo	1860
	o por ser su natural,	
	habló en lenguaje nacido	
	en medio de las montañas,	
	donde Pelayo diuino	
	començó a librar a España	1865
	del africano morisco.	
Don Bela.	Buenos andamos en casa	
	resciuiendo peregrinos	
	que, biniendo como bes,	
	de seda y oro bestidos,	1870
	dicen que son labradores,	
	como ese Ramiro a dicho,	
	y agora esotra mujer.	
Sancha.	¿Qué daño nos a benido?	
Don Bela.	No sé, Sancha, pero temo,	1875
	que soy muy biejo, y e bisto	
	muchas cosas en el mundo.	

1847 de cassa] *A B C* de en casa   1851 Compostela] *MS.* Campostela
1856 y ella, por entre] *A B C* y que ella por

	Ve i dile que yo le pido	[*fol. 35v.*]
	que me benga a hablar.	
SANCHA.	Yo boy. *Vase.* [1]	
DON BELA.	Si la pruebo y examino,	1880
	no creas tú que me engañe,	
	aunque de berla, colixo	
	que Ramiro y ella son	
	partes de un enredo mismo.	

Sale doña Elbira de labradora remangados los braços y enharinados. [2]

ELBIRA.	Doña Sancha, mi señora,	1885
	que me llamabas me a dicho.	
DON BELA.	Y te e llamado, Pasquala.	
ELBIRA.	¿Qué me mandas?	
DON BELA.	Ya lo digo:	
	¿de adónde eres?	
ELBIRA.	Soy de Astorga.	
DON BELA.	Dichoso el suelo astorguino.	1890
	que tales mujeres lleba;	
	confiesso aquí por delito	
	que te dixera requiebros,	
	si fuera de v[ein]te y cinco.	
	Los franceses, años ha,	1895
	me cautibaron un hijo,	
	que estubiera en buena edad;	
	yba el pobre con su tío	
	por la mar a cierto efecto.	
ELBIRA.	La Birjen y el crucifixo	1900
	de Burgos se lo depare,	
	y San Domingo de Silos.	
DON BELA.	¿En efecto, eres de Astorga,	
	y es Pasquala tu apellido?	
ELBIRA.	Sí, señor, de los Pasquales	1905
	es el abolengo mío.	

---

[1] *A B C Vase Sancha.*   [2] *A B C Sale doña Eluira, de labradora.*

1886 que me llamabas] *A C* que me has llamado   1889 adónde] *A B C* dónde   1890 suelo] *A B C* pueblo   1901 se lo] *A* te lo

	Y aun dicen que nuesa alcurnia,
	por línea reta o por hilo,
	biene del cirio pasqual. [*fol.* 36r.]
Don Bela.	No es más blanco el pasqual cirio; 1910
	mas, como le pongan pellas
	de biejo yncienso, e creído
	que lo pudiera yo ser
	de tus braços cristalinos.
Elbira.	Bengo de amasar agora; 1915
	otra bez estarán limpios.[1]
Don Bela.	Ramiro biene; no quiero
	que murmure estos principios;
	yo me resuelbo a querer,
	porque un filósofo dixo 1920
	que amor, como enjendra sangre,
	a los biejos buelbe niños. *Vase.*

Sale Enrique.[2]

Enrique.	Deseaba hallarte a solas.
Elbira.	¿Para qué a solas?
Enrique.	Contigo
	tengo, desde que te bi, 1925
	Pasquala, solo bien mío,
	ciertas quentas que tratar.
Elbira.	¿En castellano o guarismo?
Enrique.	Por claras en castellano,
	y en guarismo, porque bibo 1930
	en cifras de mill sospechas.
Elbira.	Pues, adonde no hay recibo,
	tanpoco puede aber gasto;
	sumando yo, que e benido
	a seruir en esta casa, 1935

---

[1] *A B C Llégase a ella don Vela como requebrándola.*
[2] *A B C Vase don Vela, y sale don Enrique solo.*

1907 dicen] *B* diez   1908 reta] *A B C* recta   1912 yncienso] *A B* engerto *C* ingerto   1928 guarismo] *C* guarismos   1930 guarismo] *C* guarismos   1933 tanpoco] *C* tampoco

	y que a doña Sancha sirbo,
	monta tanto como nada
	lo que me as dicho.
ENRIQUE.	Pues, digo [*fol*. 36*v*.]
	que te detengas a oÿr
	la quenta, que agora escribo: 1940
	doyte el alma, y doyte luego
	el entendimiento mismo,
	la memoria y boluntad,
	y más, los cinco sentidos;
	cuenta y suma lo que monta. 1945
ELBIRA.	Pues, si agora lo rescibo,
	¿qué quenta daré del gasto?
	Bete a tu campo, atrebido,
	que, aunque pobre labradora,
	tengo el pensam[ien]to altibo. 1950
ENRIQUE.	Pues, aunque fueras herm[an]a
	del rey de Castilla, afirmo
	que sin perder de quien eres,
	puedes casarte conmigo.
ELBIRA.	Pues, ¿quién eres?
ENRIQUE.	Si ymportare 1955
	fiarme de ti, remito
	a otra bista mis ystorias.
ELBIRA.	Por tu persona, confirmo
	lo que dices y serás,
	que yo conozco los bríos 1960
	de una mujer principal
	que a estado humilde a benido;
	y por las bísperas de ella
	bengo a sacar tu domingo.
ENRIQUE.	Sancha biene.
ELBIRA.	Pues, despacio 1965
	leeremos después tu libro.

1959 serás] *A C* verás   1964 tu] *A B C* mi   1966 leeremos después tu libro] *A B* leeréla contigo cuenta *C* la cuenta leeré contigo

Enrique.	Adiós, señora Pasquala.	
Elbira.	Adiós, mi señor Ramiro. *Vanse.*	1968

Fin desta jornada. [1]

---

[1] *A B C* omitted

Jornada 3ª de las Almenas de Toro.

Salen doña Sancha y doña Elvira.

San. Esto e fiado de ti
y por esto te e sacado
amiga Pascuala al prado
Elbi. Yo te confieso de mi
que le soy aficionada
mas no de suerte que este
celosa ni que me des
pena sin estar culpada
mas ya que se que te quiere
no me dexara querer
San. que el te quiere
Elbi. soy muger
San. Pascuala dichosa eres
que tambien soy muger yo
mas rica y mas principal
Elui. yo soy a Ramiro ygual
y tu doña Sancha no.
y es gran cosa la ygualdad
para el amor.
San. es engaño
de Ramiro que en mi daño
disfraça su calidad
Elbi. pues es mas que un labrador
San. no lo se pero ymagino
que quien es el peregrino
cubrio el habito señor
por algun sucesso graue
deue de andar encubierto
Elbi. el lo parece
San. ello es cierto
lo que pasa amor la sabe.
Elbi. no se dure mas en esso
si me hablare le diré
que me dexe.
San. y yo señora

Elbi. donde ua los pies, los ojos
que soldadesca es aquesta
que ua de camino.
San. toda
es plumas
Elbi. la toca acomoda
al rostro y responde honesta.

Enbocanse, sale el Rey don Sancho, el Cid, y Ancures

d. San. que fresca esta la fuente
Cid. no ay otro cristal señor
como la mano.
d. San. el mejor
que uiene a España de oriente
no trocara por la mia.
Ancu. un filosofo que uio
beuer en ella rompio
la escudilla en que beuia
d. San. tomaremos los caballos
Cid dos mugeres ay aqui
d. San. son destas casas que ui
Cid mil hidalgos tus uasallos
tienen aqui sus solares
d. San. abra señoras posada
para un soldado
Elbi. turbada
estoy señora no te pares.
San. ura presencia me obliga
a responderos cortes
Elbi. don Sancho mi hermano es   [aparte
d. San. por que huye ura amiga.
descubrios y teneos
San. es labradora y criada
y no esta a uer enseñada

[*fol.* 38r.]

Jornada tercera de Las Almenas de Toro [1]

Salen doña Sancha y doña Eluira.

SANCHA.	Esto e fiado de ti,	
	y por esto te e sacado,	1970
	amiga Pascuala, al prado.	
ELBIRA.	Y te confieso de mí	
	que le soy aficionada,	
	mas no de suerte que estés	
	celosa, ni que me des	1975
	pena sin estar culpada;	
	mas, ya que sé que le quieres,	
	no me dexaré querer.	
SANCHA.	¿Qué? ¿El te quiere?	
ELBIRA.	Soy muger.	
SANCHA.	Pascuala, dichosa eres,	1980
	que también soy muger yo,	
	más rica y más principal.	
ELBIRA.	Yo soy a Ramiro ygual,	
	y tú, doña Sancha, no;	
	y es gran cosa la ygualdad	1985
	para el amor.	
SANCHA.	Es engaño	
	de Ramiro, que en mi daño	
	disfraça su calidad.	
ELBIRA.	Pues, ¿es más que un labrador?	
SANCHA.	No lo sé, pero ymajino	1990

---

[1] *A B C Acto Tercero*

	que quien es el peregrino,	
	cubrió el hábito señor	
	por algún suçeso graue;	
	deue de andar encubierto.	
ELBIRA.	El lo pareçe.	
SANCHA.	Ello es cierto;	1995
	lo que pasó, amor lo saue.	
ELBIRA.	No te daré más enojos;	
	si me hablare, le diré	
	que me dexe.	
SANCHA.	Y yo pondré,	
	dónde tú los pies, los ojos.	2000
ELBIRA.	¿Qué soldadesca es aquésta	
	que ua de camino?	
SANCHA.	Es toda	
	plumas; la toca acomoda	
	al rostro y responde honesta.	

Enbóçanse, salen el rey don Sancho, el Cid, yAnçures.[1]

DON SANCHO.	¡Qué fresca estaua la fuente!	2005
CID.	No ay otro cristal, señor,	
	como la mano.	
DON SANCHO.	El mejor	
	que uiene a España de oriente	
	no trocara por la mía.	
ANZURES.	Un filósofo que ui yo	2010
	beuer con ella, rompió	
	la escudilla en que beuía.	
DON SANCHO.	¿Tomaremos los cauallos?	
CID.	Dos mugeres ay aquí.	
DON SANCHO.	Son destas casas que ui.	2015
CID.	Mil hidalgos, tus vasallos,	

---

[1] *MS. Enbóçanse, sale* etc.

1991 que] *A B C* de 1992 hábito] *A B C* acento 2002-03 Es toda / plumas] *MS.* Toda es plumas 2003-04 la toca... honesta] *MS.* assigns these lines to Elvira 2005 estaua] *A B C* estuvo 2010 Un filósofo] *A B C* A un filósofo 2011 rompió] *A B C* y rompió 2013 Tomaremos] *A B C* sacaremos / *A B C* line assigned to Ançures 2015 destas] *A B C* de las

	tienen aquí sus solares.	
Don Sancho.	¿Abrá, señoras, posada	
	para un soldado?	

Don Sancho. ¿Abrá, señoras, posada
    para un soldado?
Elbira.   Turbada
    estoy, Sancha, no te pares.   2020
Sancha. V[uest]ra presencia me obliga
    a responderos cortés.
Elbira. Don Sancho, mi hermano, es.   *Aparte.*[1]
Don Sancho. ¿Por qué huye v[uest]ra amiga?
    Descubríos y teneos.   2025
Sancha. Es labradora y criada,
    y no está a uer enseñada
    plumas, ni escuchar desseos.   [*fol.* 38v.]
    Esta es casa de don Bela,
    yo soy su hija.
Don Sancho.   ¿Quién, Cid?   2030
    ¿Aquí es don Bela?
Cid.   Oýd,
    que en toda mi parentela
    no ay hombre de más ualor.
    Sobrina, dadme los brazos.
Sancha. Para daros mil abrazos   2035
    me descubriré, señor.
Cid. Besad las manos al rey.
Sancha. Perdonad mi cortedad.
Don Sancho. No auéys errado, en verdad;
    antes guardado la ley   2040
    de la hidalga cortesía.

Salen Suero y don Bela.

Don Bela. ¿El rey aquí?
Suero.   Sí, señor.
Don Bela. V[uest]ro vasallo, el menor,
    que un tiempo, señor, seruía

---

[1] *A B C Aparte y vase.*

2020 Sancha] *MS.* señora   2031 Aquí es] *A B C* Quién es

	a v[uest]ro padre famoso,	2045
	el gran Fernando, que tiene	
	el cielo, a besaros uiene	
	los pies.	
Don Sancho.	Bela generoso,	
	dadme acá, Bela, los brazos,	
	que bien mereçe los míos	2050
	quien en tales desafíos	
	hizo mil moros pedazos;	
	¡viejo estáys!	
Don Bela.	El tiempo buela.	
Don Sancho.	Si os llamara mozo aora,	
	—perdonad, Cid— que a Çamora	2055
	lleuara al Cid en don Bela.	
Cid.	Es honrra que a mí me dáys	
	en la que hazéis a mi tío.	
Don Bela.	Guárdeos Dios, sobrino mío.	
	¿Cómo uenís? ¿Cómo estáys?	2060
Cid.	A v[uest]ro seruiçio estoy.	
Don Bela.	¿Ximena?	
Cid.	Preñada ya.	
Don Bela.	Tan bien a Castilla está,	
	Cid, que mi palabra os doy	
	que cada mes fuera bien	2065
	porque huuiera muchos Cides,	
	honrra en la paz, y en las lides,	
	y por ser sangre también	
	de Diego Laýnez, hombre	
	que, en acordándome dél,	2070
	se me uienen de tropel	
	las lágrimas con su nombre.	
Don Sancho.	¡Viejo está Bela!	
Anzures.	A traýdo	
	las armas gran tiempo a cuestas.	

2046 el] *A B C* al   2050 merece] *A B* merecen   2051 en tales] *MS.* tales   2052 mil] *A B C* a mil   2053 El tiempo] *MS.* en tiempo   2058 en la] *C* en lo   2063 Tan bien] *MS. A B* También   2066 porque] *MS.* por   2071 de tropel] *C* en tropel

Don Bela.	Humildes chozas son éstas;	2075
	mas, señor, ya que os conuido,	
	soy rico de voluntad;	
	reçiua de uos honor	
	que en ellas poséys, señor.	
Don Sancho.	Bela, amigo, perdonad,	2080
	que uoy de priesa a Çamora,	
	donde e cercado a mi hermana,	
	que ni por ruego se allana,	
	ni por amenazas llora;	
	gané a Toro, a quien tenía	2085
	doña Elbira: dos çiudades	
	sin quien, diziendo uerdades,	
	Castilla, Bela, no es mía;	
	y puesto que me da pena	
	ver que no parezca Elbira,	2090
	lleuo a Çamora la mira	
	de buenos hidalgos llena,	
	donde, engañándola, tengo	
	paçífico el reyno todo.	
Don Bela.	Los çielos, inuicto godo.	2095
	os lo dexen uer. [fol. 39r.]	
Don Sancho.	Si vengo	
	vitorioso por aquí,	
	en v[uest]ra casa os ueré.	
	Adiós, Bela.	
Don Bela.	Y yo tendré	
	sola esa esperanza en mí,	2100
	por alma que me dé uida.	
Cid.	Tío, adiós.	
Don Bela.	Sobrino, adiós.	
Anzures.	Visto nos emos los dos	
	en otra edad más florida.	
Don Bela.	¿Es el Conde Anzures?	
Anzures.	Sí;	2105

2079 poséys] *A* posseeys   2081 priesa] *C* prisa   2087 sin quien]
MS. si que   2091 la mira] *MS.* a la mira   2093 engañándola] *A B C*
en ganándola   2100 esa] *A B C* esta

	el rey se ua; guárdeos Dios.
Don Bela.	Aun somos deudos los dos.
Anzures.	¡Qué más honor para mí!

Vanse el rey y la compañía.

Elbira.	¡Con qué temor, con qué pena *Aparte.*[1]
	me a tenido el rey, mi hermano! 2110
Don Bela.	Sancha, el hecho no es humano,
	el intento al rey condena;
	a Elbira a quitado a Toro,
	y agora a Urraca le quita
	a Çamora.
Sancha.	Solicita 2115
	su daño.
Don Bela.	Diera un thesoro
	por estar como Rodrigo.
Sancha.	Pascuala, que hablarte tengo;
	padre y señor, luego vengo.
Elbira.	Temblando estoy.
Sancha.	Ven conmigo. *Vanse las dos.*[2]
Don Bela.	¡Suero! 2120
Suero.	¡Señor!
Don Bela.	¡Qué hermosura
	la de Pascuala!
Suero.	Ya ueo
	que la miras con desseo.
Don Bela.	No pudiera más locura,
	más amor, más esperanza 2125
	caber en veynte y dos años.
Suero.	No es muger que sufre engaños;
	haz de tu intento mudanza,
	porque yo sé que es cojer
	el viento con red sutil, 2130
	que todo interés es uil

---

[1] *A B C* omitted
[2] *A B Vanse los dos.*

2111 hecho] *A B C* zelo   2128 tu] MS. *A B* su   2130 in MS., "en" deleted before "con"

	para tan fuerte muger.	
Don Bela.	Casaré.	
Suero.	¿Quién?	
Don Bela.	Yo.	
Suero.	¿Qué dizes?	
Don Bela.	Esto.	
Suero.	¿Quieres enterrarte?	

El verdadero casarte 2135
es comer lindas perdiçes
  y beuer el uino añejo,
porque es labrar sepultura,
quando por uana hermosura
se casa un viejo.

Don Bela.   ¿Yo, viejo? 2140
¿No ues que e sido robusto,
todo neruios y braueza?

Suero. La flaca naturaleza,
¿no te enseña que no es justo
  lo que el tiempo debilita? 2145
¿Quieres que esfuerze el casar?
La uida te a de quitar,
como a otros muchos la quita.

Don Bela. Aora bien, yo tengo pensado
que dexar mi casa en hembra 2150
es triste cosa.

Suero.   ¿Desmiembra
su sangre acaso el que a dado
  su casa a un hidalgo tal,
que en la calidad la yguala?
Di que te agrada Pascuala, 2155
y conoçe que hazes mal;
  fuera de que es de reýr   [fol. 39v.]
que, tu hija por casar,
te cases tú.

Don Bela.   Si casar
a doña Sancha y sufrir 2160

2133 casaré] *A B* caseréme *MS*. casarme 2139 uana] *A B C* una
2153 un] missing in *MS*. 2154 la] *A B C* le

	mi casamiento a de ser	
	con que la case primero,	
	digo que casarla quiero,	
	que tuue cartas ayer	
	de don Rodrigo de Lara,	2165
	con quien conçertado está.	
SUERO.	Pues, dásela.	
DON BELA.	Bien será,	
	que es noble y de sangre clara.	
SUERO.	No ay mejor hombre en Çamora	
	que don Rodrigo.	
DON BELA.	Es verdad,	2170
	mas, ¿quién yrá a la çiudad	
	con estas cartas aora?	
SUERO.	Yo yré, si quieres.	
DON BELA.	Tú no,	
	mas, pues, me abraso y suspiro	
	en çelos deste Ramiro;	2175
	quiero dárselas; que yo	
	descansaré de mis çelos,	
	y é sabrá bien negoçiar.	
	¿Dónde está? Uéle a llamar.	
SUERO.	En el campo.	
DON VELA.	Si los çielos,	2180
	Suero, a Pascuala me dan,	
	te mando un vestido nueuo.	
SUERO.	Yo mis bríos.	
DON BELA.	¡Qué mançebo	
	más gentilhombre y galán!	
SUERO.	Del viejo que desto trata,	2185
	el pensamiento condeno;	
	pues, lleua a casa un veneno	
	que a pocos tragos le mata. *Vanse.*	

2166 conçertado] *A B C* concertada   2179 a llamar] *MS.* llamar
2181-82 between these lines the *MS.* copyist wrote and deleted line 2184
2187-88 between these lines the copyist wrote and deleted line 2157

Sale doña Sancha, sola.[1]

SANCHA.
  Verdes álamos sombríos,
frescas y sonoras fuentes,   2190
que siempre en v[uest]ras corrientes
murmuráys mis desuaríos;
prado verde, mudo y solo,
en cuyas flores suaues
siruen de lenguas las aues,   2195
desde que las llama Apolo;
 peñas, a los çielos juntas,
que tanto al çielo miráys,
que a la tierra aún no bajáys
los ojos de v[uest]ras puntas: 2200
 a buscar me uengo aquí,
assí os esmalten los çielos,
que me digáys de mis çelos,
que andan huyendo de mí.
 Riño a Pascuala y Ramiro,   2205
para que dejen de hablar,
y no me suelo apartar
que lüego hablar los miro.
 No me engaño, los dos son:
árboles, yo soy muger;   2210
amo, y desseo saber
y escuchar mi perdiçión.
 Escondedme, aunque me maten,
en v[uest]ra capa inmortal,
que, aunque e de escuchar mi mal,   2215
e de saber lo que traten.

Escóndese. Salen doña Elbira y Enrrique.

---

[1] *A B C Sale Sancha.*

2189 sombríos] *A* sombrío   2193 verde, mudo] *A B C* mudo, verde
2195 lenguas] *C* lengua   2208 que lüego hablar] *A B C* quando ya juntos   2216 traten] *MS. A B* tratan

ELBIRA.	En los prinçipios, Ramiro,	
	el hombre cuerdo repara:	
	el amor que pintan niño	
	por naçer de niñas causas,	2220
	de saludarse procede	
	muchas uezes; otras salta,	
	como el áspid de la yerba,	
	de hablar dos o tres palabras	
	de la cinta, del clauel,	2225
	de oýr ajenas graçias, [fol. 40r.]	
	de la fama del valor,	
	que aun enamora la fama.	
	Assí que tú no me digas	
	cosas escuras y claras,	2230
	sino ataja los prinçipios.	
ENRRIQUE.	¿Tú eres villana, Pascuala?	
	¿Cómo hablas desa suerte	
	con quien a solas te habla,	
	y después con el lenguaje	2235
	más rudo de las montañas?	
	¿Qué filósofo me diera	
	tal consejo, o, cómo hallara	
	en los libros del amor	
	definiçiones tan altas?	2240
	Mira, Pascuala, si eres	
	alguna deydad que anda	
	por estos montes, creeremos	
	que son las seluas de Arcadia.	
	¿Eres, dime, aquel planeta	2245
	que las fábulas contauan,	
	que bajaua al monte Latmo	
	dexando el carro de plata?	
	¿O el de la tercera esfera,	

2219 el amor] *A B* al amor 2220 niñas causas] *A B C* niña causa 2222 otras salta] *A B* otro salta *MS.* otra salua 2223 yerba] *A B C* yedra 2226 de oýr] *A B C* del oír 2230 y] *A B C* ni] 2235 con] *MS.* que en 2244 seluas] *A B* sierras *C* tierras

	andando Adonis a caza,	2250
	cuya sangre dio la rosa	
	en la nieue de sus plantas?	
	¿Quién eres, ya que te adoro?	
	¿Quién eres, ya que me matas?	
	Si eres sol, ¿por qué te encubres	2255
	y con la sombra me abrasas?	
ELBIRA.	Sólo a ti por ese amor,	
	que dizen que amor se paga,	
	y por desengaño tuyo	
	y fin de tus esperanzas,	2260
	te digo, y no diré más,	
	que soy de noble prosapia,	
	y muger tan desygual	
	de tus prendas, que esto basta.	
ENRIQUE.	Bien me lo pensaua yo,	2265
	bien me lo dixo tu cara,	
	el resplandor de tu honrra,	
	lo graue de tus palabras;	
	la autoridad de tus obras,	
	que, como luz que traspasa	2270
	el vidrio, el alma te ui,	
	que el cuerpo es uidrio del alma.	
	Mas, Pascuala, ¿o quién tú eres?	
	que, en fin, no serás Pascuala,	
	aunque serás la de flores,	2275
	si por ventura eres Pascua.	
	Saue que no as de hazer poco,	
	si en la calidad me ygualas,	
	y yo me arrojo a dezilla,	
	o que bien o mal me uaya;	2280
	que como corre en el mar	
	de tus desdenes borrasca,	

2250 andando Adonis a caza] *A B C* adonde Adonis andaua   2257 ese] *A B C* este   2259 tuyo] *A B C* mío   2266 tu cara] *MS*. no era   2272 uidrio] *B* vidro   2273 Mas] *A B C O*   2274 que, en fin, no serás Pascuala] *A B C* y finjas que eres Pascuala   2275 serás la] *A B C* seráslo   2279 dezilla] *B C* dezillo   2282 borrasca] *A B C* mi fama

	voy hechando hazienda mía,	
	pensamientos y mi fama;	
	y assí, arrojo lo que queda,	2285
	que es mi calidad, al agua.	
	Enrrique soy de Borgoña;	
	al Duque mi padre llaman...	
	No estoy, Pascuala, muy lejos	
	de la corona de Francia;	2290
	peregrino vine aquí	
	a uer el Patrón de España,	
	donde intentaron matarme	
	deudos de mi sangre y casa;	
	yo uine a la de don Vela	2295
	herido, donde la capa	
	del sayal guarda mi uida	
	de su inuidia y de sus armas.	
	¿Paréçete que te ygualo?	
ELBIRA.	Antes ya me desygualas,	2300
	Enrrico, porque en las mías	
	no tengo lises doradas.	
	Huélgome de conoçerte,	
	y a tu amor quedo obligado,	
	que a pagarte es inpossible,	2305
	pues siendo una pobre hidalga,	
	no podemos tratar cosa [fol. 40v.]	
	con que mi honor satisfagas.	
ENRIQUE.	¿Cómo no, si tu hermosura,	
	executoria en la cara,	2310
	es calidad de los çielos,	
	que no calidad humana?	

2283-84 *A B C* omitted   2284 mi fama] *MS.* borrascas   2285 y assí, arrojo] *A B C* quiero arrojar   2286 que es mi calidad, al agua] *A B* que es la calidad al agua *C* que es la calidad del agua   2288 al] *A B C* y al   2291 vine] *MS.* viene   2292 el] *A B C* al   2295 a la] *A B* a las   2297 del sayal guarda mi uida] *MS.* del soyal guarda mouida *A B C* del sol guarda mi vida   2301 Enrrico] *C* Enrique   2307 podemos] *A B C* podremos   2308 honor] *A B C* amor / satisfagas] *C* satisfaga

	Yo no quiero más nobleza;	
	y, pues, me obligan tus ansias,	
	dime el nombre verdadero	2315
	tuyo.	
ELBIRA.	Toda estoy turbada.	
	Ramiro, yo tengo un nombre	
	cuyos ecos tiran, matan;	
	viuo en un signo del çielo,	
	de quien mi sangre me aparta;	2320
	no puedo deçirte más.	

Sale Suero.

SUERO.	Ramiro, señor te llama.	
ENRIQUE.	¿Qué me quiere?	
SUERO.	No lo sé.	
	Escriuiendo está una carta.	
ENRIQUE.	Bamos. Adiós, la del nombre	2325
	que tira y mata, que estaua	
	por dezir que es el león	
	el signo de v[uest]ra casa.	
ELVIRA.	Engáñaste, que más çerca	
	de la primauera esmalta	2330
	el campo de uarias flores,	
	de suelta nieue las aguas.	

Vanse Suero y Enrrique y sale Sancha.

SANCHA.	¡Pascuala!	
ELBIRA.	¡Señora mía!	
SANCHA.	Si te pintas tan honrrada,	
	¿cómo con aqueste mozo	2335
	tienes pláticas tan altas?	
ELBIRA.	El, señora, me persigue.	

2313-14 *A B C* these lines assigned to Elvira   2315-18 not in *A B C*
2327-30 not in *A B C*   2331-32 *A B C* assigned to Enrique   2332
de suelta] *A B C* resuelta   2336 altas] *A B C* largas

SANCHA.	¿No te dije esta mañana
	mi pensamiento con él?
ELBIRA.	Si como sombra se anda, 2340
	por dondequiera que uoy,
	¿qué tengo de hazer?
SANCHA.	Quien trata
	de conseruar honrra y nombre,
	las ocasiones aparta.
	¡Anda, Pascuala, anda, uete! 2345
	Yo sé el remedio.
ELVIRA.	El me cansa.
SANCHA.	¡Ansí me cansara a mí!
ELVIRA.	Pues, ¿qué quieres tú que haga?
SANCHA.	Anda, que yo pondré en medio
	más tierra que estas montañas; 2350
	anda, que ya sé quién eres,
	enrredadora villana,
	la de la inuençión del nombre
	que tira, que claua y mata,
	la que en el signo del çielo 2355
	viue con tanta arrogançia,
	que no será el de la Virgen,
	pues, uino a casa la dama
	toda vestida de seda,
	y por uentura, dexada, 2360
	por adúltera, del hombre
	de quien se esconde y aparta.
	¡Ea! Baya, no replique,
	que yo la haré que la cara
	con el tizne de las ollas 2365
	se afeyte por las mañanas.
	La labradora, ¡la boba!
	¡Y tiene nombre que mata,
	y uiue en signos del çielo!
ELVIRA.	¡Señora...!

2350 tierra] *A B* tierras   2351 ya] *A B C* yo   2355 signo] *A B* sino   2366 se afeyte] *MS.* afeyte   2369 signo] *A B* sinos

SANCHA.	No hable palabra,	2370
	que le quebraré la boca.	
ELVIRA.	Mira que en todo te engañas.	
SANCHA.	¡Assí, Ramiro, uos soys!	
	Presto ueréys lo que pasa. *Vanse.*	

Salen Vellido y doña Urraca.[1]   [*fol.* 41r.]

URRACA.	En tanta confusión, ¿qué haré, Vellido?	2375
	Que me dize don Arias tantas cosas,	
	que pierdo la razón con el sentido.	
	Las armas de mi hermano, codiçiosas,	
	me tienen a Çamora tan çercada,	
	que tiemblan sus almenas temerosas.	2380
	Yo soy muger que tomaré la espada;	
	mas, ¿qué aprouecha, si mi hermana Elbira	
	murió con ella, y de ualor armada?	
	Dizen que tú, no sé si fue mentira,	
	mi letra contrahaziendo, la engañaste,	2385
	con que tal uez me estás mouiendo a yra,	
	y que don Diego Ordóñez te llamaste,	
	y diziendo que yo la socorría,	
	la çiudad y la uida la quitaste.	
	Mi hermano Sancho sin razón porfía:	2390
	yo tengo generosos caualleros;	
	temo no más de la desdicha mía.	
BELLIDO.	Si no diesen, Infanta, a lisonjeros,	
	los prínçipes jamás blandos oýdos,	
	en que son tan culpados y lijeros,	2395
	algunos tristes casos sucedidos,	
	de que están las historias dondo uozes,	
	no estuuieran en mármol esculpidos.	
	Ya mi lealtad y mi ualor conoçes,	
	¿por qué te pones a escuchar mentiras?	2400

---

[1] *A B C Salen doña Vrraca y Bellido Dolfos MS. Sale* etc.

2371 le] *B C* la   2382 si] *MS.* pues que   2384 no sé si fue] *A B C* que no sé si es   2388 y diziendo] *MS.* y que diziendo   2389 la] *A B C* le

Todo es enuidia, así tus años gozes,
   que si mis obras y palabras miras,
juzgarás por tan bueno mi desseo
como es el son a cuya paz aspiras.
   Tu padre honrró a mi padre, y yo no creo 2405
que de don Olfos degenero en nada,
quando la espada en tu seruiçio empleo.
   Yo saqué, Urraca, por el rey la espada,
eso es uerdad, y entré con él en Toro,
en sangre entonçes, no en trayçión bañada, 2410
         [fol. 41v.]
   y si a la infanta se perdió el decoro,
enrredos son del Cid y el Conde Anzures,
de cuyo engaño se lamenta el moro.
   Déstos es bien te quexes y murmures,
que uienen contra ti como traydores, 2415
y que a quien te a seruido, honrrar procures.
   Yo pude ser allá de los mejores;
dígalo el Cid, a quien le dije un día
mil injurias, que el tuuo por fauores.
   Mas, como conocí la tiranía 2420
del rey don Sancho, y tu justiçia clara,
uine a seruir donde justiçia auía.

URRACA.   No pienses tú que mi temor repara
en el poder del rey, mi hermano, agora,
si de Elbira el exemplo me dexara. 2425
   Çercada y bien çercada está Çamora;
Arias Gonzalo y sus gallardas plantas,
dignas de las que el sol abrasa y dora,
   y el de Lara, que ya por uezes tantas,
resuçita en hazañas generosas 2430
de sus pasados las reliquias santas,
   son defensas tan altas, tan piadosas,
que sólo temo una trayçión, Vellido.
BELLIDO.   Dame esas manos, tanto como hermosas

2401 enuidia] *A B C* mentira   2402 si mis obras y palabras] *MS.* si
mas obras y mis palabras   2404 como es el son] *A B C* cuyo es el fin
2406 degenero] *A B C* degeneres   2412 el Conde] *A B C* Conde
2420 conocí] *MS.* conoció   2428 abrasa] *MS.* abraza *A B* abraça

	ingratas para mí, que, de corrido	2435
	de que la enuidia de mi fama trate,	
	oy haré un hecho que no cubra oluido;	
	yo sin guerra, sin armas, sin conbate,	
	descercaré a Çamora. Adiós te queda.	
URRACA.	Escucha.	
VELLIDO.	No permitas que dilate	2440
	cosa que honrarme de seruirte pueda. *Vase.*	
URRACA.	Quiero auisar a Arias Gonzalo presto,	
	porque, quando a mi hermano algo suceda,	
	no se diga de mí que lo e propuesto. *Vase.*	

Salen don Vela y doña Sancha. [*fol.* 42r.]

SANCHA.	Esta m[e]r[ce]d me as de hazer:	2445
	despide luego a Pascuala.	
DON BELA.	A resoluçión tan mala,	
	¿qué te puedo responder?	
SANCHA.	¿En qué es mala?	
DON VELA.	En que no das	
	a despedir la ocasión.	2450
SANCHA.	Conozco tu condiçión.	
DON VELA.	Pues, ¿quál ocassión me das?	
SANCHA.	Saber yo que anda de amores	
	Ramiro con ella.	
DON VELA.	¿Assí?	
	Pues, mira cómo ay en mí	2455
	más prudençia en los errores.	
SANCHA.	¿Cómo?	
DON VELA.	Que despediré	
	a Ramiro, y buelua a Françia,	
	que no es aquí de importancia,	
	y Pascuala dexaré	2460
	porque me sirue y gouierna.	
SANCHA.	¿A ti te gouierna?	

2436 trate] *B* trato   2438 guerra] *A B C* guerras / sin] *A* sid   2444 no se diga de mí que lo e propuesto] *A B C* nada digan de mí, ya que se queda

Don Vela.	Sí.
Sancha.	¿Querrásla bien?
Don Vela.	Como a mí.
Sancha.	Y ¿podrá una uid tan tierna
sufrir un olmo tan duro? 2465
Don Vela.	¿Pues, no, para sustentarse,
como la yedra, arrimarse
al viejo y antiguo muro?
Sancha.	Pareçe, o lo entiendo mal,
que tratas de casamiento. 2470
Don Vela.	El tuyo primero intento.
Sancha.	¿Con quién?
Don Vela.	Con hombre tu ygual,
que don Rodrigo de Lara
te pide; yo e respondido
con Ramiro.
Sancha.	¿Y él es ydo? 2475
Don Vela.	Porque las cartas lleuara
hombre de cuydado, quise
fuese Ramiro a Çamora.
Sancha.	Si tú te casas aora,
bien será que yo te auise 2480
de que me quiero casar.
Don Vela.	¿Con quién?
Sancha.	Con ese Ramiro.
Don Vela.	De tu libertad me admiro.
Sancha.	Tú me as enseñado [a] hablar;
que, si tan viejo te quieres 2485
casar con esa criada,
también yo con quien me agrada.
Don Vela.	¡Demonios son las mugeres!
Mas, aunque uiejo me ues,
sabré quitarte la uida. 2490

2464 tierna] *B* tietna   2466 sustentarse] *A C* sustentarme *B* susteutarme
2467 arrimarse] *A B* animarme *C* arrimarme   2471 el tuyo] *MS.* el mío   2472 tu ygual] *A B C* mi ygual   2482 ese] *A* este   2485 te quieres] *A B C* tú quieres

SANCHA.	Mas, su calidad sabida,
	tú le rogarás después,
	que es el Duque de Borgoña.
DON VELA.	¡Santo Dios!
SANCHA.	Yo lo sé dél.
DON VELA.	Como aueja, buelues miel 2495
	lo que ymaginé ponçoña.
	El es tuyo; mas, primero
	con Pascuala as de tratar
	mi casamiento, y rogar
	en que quiera lo que quiero. 2500
SANCHA.	¿Cómo? ¿Sin sauer quién es?
	Aunque ella, señor, dezía
	que allá en un signo uiuía...
DON VELA.	¿Del çielo?
SANCHA.	Del çielo, pues.
DON VELA.	Los viejos en la experiençia 2505
	son sabios; guardó el decoro
	a su patria, y de que es Toro
	lo tengo por çierta çiencia
	que el toro es signo del çielo, [fol. 42v.]
	que el sol por mayo calienta. 2510
SANCHA.	¿Ella es de Toro?
DON VELA.	Esto intenta,
	así Dios te dé consuelo.
SANCHA.	Ella viene, aquí te esconde.
DON VELA.	Aquí me escondo.

Escóndese y sale Elbira.[1]

ELVIRA.	¿Estás ya 2515
	con menos enojo?

---

[1] *A B C Sale Elvira sola, y él se esconde.*

2493 el Duque] *MS.* Duque   2499 y rogar] *MS.* y tratar   2500 en que quiera] *A B* quiera *C* que quiera / lo que] *C* lo que yo   2510 calienta] *MS.* se calienta

Sancha.	Está	2515

        mi enojo en lo que responde. *Aparte.*[1]
          Pascuala, tu voluntad,
        si corresponde a la mía,
        que en çierta cosa querría
        valerme de tu amistad.   2520

ELBIRA. ¿Qué quieres?
SANCHA.   Yo te e casado
        con quien es mejor que yo;
        oy tu fortuna te dio
        un alto y dichoso estado.
          Mi padre te quiere bien,   2525
        y, siendo quien es, te quiere.

ELBIRA. Dile a tu padre que espere
        a que las nueuas me den
          de lo que pasa en Çamora,
        porque hasta uerla ganar,   2530
        yo no me podré casar.
        Esto respondo, señora;
          y perdóname, que tengo
        toda la masa en la artesa.

SANCHA. Oye, escucha.
ELBIRA.   Estoy de priesa.   2535
SANCHA. Escucha, pues.   *Vase.*[2]
ELBIRA.   Luego vengo.
SANCHA. Bien puedes salir.
DON VELA.   Ya salgo.
SANCHA. Ella me a dicho que sí.
DON VELA. Es verdad, que yo lo oý;
        mas, bueno es, a fe de hidalgo,   2540
          que hasta ganarse Çamora,
        no puede ser muger mía;
        aun, por eso, se diría
        que no se ganó en un ora,
          pues las pocas de mi uida,   2545

---

[1] *MS.* omitted.   [2] *A B C Vase Eluira.*

2523 oy] *A B C* y   2539 oý] *B* ohi   2536 in *MS.*, "buelua" deleted before "vengo"

¿cómo podrán aguardar
que Sancho pueda ganar
çiudad tan bien defendida?
Si está don Arias allá,
y sus hijos, son engaños 2550
que con pies de setenta años
yo pueda alcanzarla ya.

SANCHA. Pues, sin ganarse Çamora,
dize que no puede ser.
DON VELA. Pues, yo bueluo a responder 2555
que no se ganó en un ora.
Buéluela, Sancha, a llamar,
así Dios te dé ventura,
que en un viejo larga cura
es no quererle curar. 2560
SANCHA. ¿Piensas que no me da pena?
Como tú çeloso estás
de Ramiro, yo estoy más
desta Pascuala o Elena.
Llamaréla, y cara a cara 2565
la puedes dezir, señor,
tu pensamiento y amor.
DON VELA. Pues, venga, si en ello pára.
SANCHA. ¡Pascuala! ¡A, Pascuala!

Sale Elvira enarinada.

ELBIRA. ¡Dalle!
¿Qué hacen de Pascualear? 2570
Pues, ¡a fe que an de pasar
estas Pascuas en la calle!
¿Qué me quieres?
SANCHA. Vesla aý;
dila, señor, lo que quieres. *Vase.*[1]
DON VELA. Hija, [a] las nobles mugeres, [*fol. 43r.*] 2575

---

[1] omitted in *A B C*

2548 tan bien] *MS. A B* también   2560 quererle] *A B* quererla
2568 ello] *A B C* esso   2575 nobles] *A B C* buenas

	qual lo ymagino de ti,	
	poco inportan mocedades,	
	sino valor, calidad,	
	sangre, hazienda, y la ygualdad,	
	que junta las voluntades,	2580
	que ésta procede del çielo.	
	¿Hablóte Sancha?	
Elbira.	¡Pues, no!	
	Ya muesama me mandó	
	que saque la burra en pelo,	
	porque la quieren lleuar	2585
	a que el albéytar la uea.	
Don Bela.	Tu ingenio en uano rodea	
	el habla disimular,	
	que la cara no podrás,	
	en que el cielo te escriuió:	2590
	aquesta muger nació	
	para señora no más.	
	Dexa los uanos enredos	
	y atiende a tu bien.	
Elbira.	Señor,	
	de que me trates de amor,	2595
	me espantan sombras y miedos.	
	El escudero y soldado,	
	diçe el refran, y no mal,	
	lleualos al hospital,	
	y el cauallo uiejo al prado.	2600
	Comed, y descansaréys,	
	ya la yerua, ya la grama,	
	que el fuego el yelo desama;	
	fuego soy, yelo seréys.	

Sale Enrrique.

2577 inportan] *MS.* inporta   2581   ésta] *A B C* esto   2582 ¡Pues, no!] *C* assigned to Sancha   2583 muesama] *A B C* nuessama   2593 enredos] *MS.* rodeos   2594 a tu bien] *C* tu bien   2603 el yelo] *A C* al hielo   2604 soy] *C* sois

Don Bela.	Sancha, ayúdame aquí,	2605
	que me uoy turbando ya.	
Enrrique.	¿Señor está aquí?	
Elbira.	Aquí está.	
Don Bela.	¿Fuiste, Ramiro?	
Enrrique.	Ya fuy.	
Don Bela.	¿Qué ay de Çamora?	
Enrrique.	Prodigios,	
	desgracias, muertes, portentos,	2610
	casos de dolor, trayçiones,	
	armas, desafíos, entierros;	
	¡nunca yo fuera a Çamora!	
Don Bela.	¿Tan poco a durado el çerco?	
Enrrique.	Tan poco que ya está libre.	2615
Don Bela.	¿Cómo libre?	
Enrrique.	Escucha atento:	
	llegué a Çamora ayer tarde	
	en aquel cauallo ouero,	
	que sin ser Pegaso en alas,	
	venze en lijereza al viento.	2620
	Llegué a la tienda del rey,	
	digo que busco a don Diego,	
	sale al campo, doy las cartas,	
	va a escrebir, allí le espero;	
	oygo dezir que a salido	2625
	Vellido Dolfos, sospecho	
	que el mismo que con trayçión,	
	cartas y boz contrahaziendo;	
	luego, sobre el muro armado	
	apareçió un cauallero,	2630
	que le dijo al rey a uozes,	
	todo el exército atento:	
	rey don Sancho, rey don Sancho,	
	hijo de Fernando el Bueno,	
	no digas que no te auiso,	2635

2607 Señor] *A B C* Señora   2615 Tan] *A* Ten   2616 escucha] *A* esucha   2624 escrebir] *A B C* escribir

si huuiere algún mal sucesso;
que del muro de Çamora,
donde çerco tienes puesto,
a salido un gran traydor,
falso, engañoso y discreto; 2640
Vellido de Olfos se llama, [*fol.* 43v.]
hijo de Vellido el viejo,
que si traydor era el padre,
el hijo, rey, no lo es menos.
En León, Avila, y Toro, 2645
quatro trayçiones auía hecho;
guárdate, rey, no sean cinco,
si no tomas mi consejo.
Esto dizen que auía dicho
Arias Gonzalo, aduirtiendo 2650
al rey del traydor Vellido,
pero el rey, con mal acuerdo,
yendo a solas descuydado
a uer un portillo nueuo
por donde entraría en Çamora, 2655
dio tristes uozes, diziendo:
Vellido de Olfos me mata,
aqueste traydor me a muerto.
Acuden todos, y el Cid
quiere seguirle, poniendo, 2660
sin espuelas y sin bara
piernas a un cauallo ajeno;
no alcanza por no lleuarlas
al traydor, a quien abrieron
la puerta, clauando en ella 2665
por las láminas de hierro
el Cid la famosa lanza,
que de la parte del cuento

2641 de Olfos] *A B C* Dolfos   2642 viejo] *B* viojo   2645 y Toro] *A B C* Toro   2646 auía hecho] *A B C* ha hecho   2653 yendo a solas] *A B C* y ansí a solas   2655 en] *A B C* a   2657 de Olfos] *C* Dolfos   2666 por las láminas] *A B C* las dos láminas   2667 el Cid la famosa lanza] *A B C* al Cid va famosa lanza

dizen que apenas se uía,
blandiendo el postrero tercio. 2670
Los gritos, la confusión,
los bélicos instrumentos,
las maldiçiones, las uozes,
tanto los çielos mouieron,
que se piensa en tal dolor, 2675
que lloraron, porque luego
llouieron, y por suspiros,
mil relámpagos y truenos;
al rey don Sancho lleuaron,
señor, a sus tiendas muerto 2680
en un dorado paués,
con el venablo en los pechos;
quando yo partí del campo,
los soldados me dijeron
que aquel don Diego, pariente 2685
del que quieres para yerno,
todo cargado de luto,
y sobre un cauallo negro,
con negras armas y lanza,
yua a Çamora soberuio 2690
a retar grandes y chicos,
niños, mugeres, y viejos;
dizen, señor, que a de ser
Arias Gonzalo primero;
hijos tiene, Dios le ayude, 2695
que dizen que el que haze el reto,
a de pelear con çinco,
si reta al común del pueblo;
todo esto pasa en Çamora,
y aun más de lo que te cuento. 2700

2669 uía] *A B* veía   2670 blandiendo] *A B C* blandeando   2674 los çielos] *A B C* a los cielos   2686 quieres] *A B C* queréis   2690 yua a] *A B C* se va a   2694 primero] *A B C* el primero   2696 reto] *MS.* yerro   2698 del pueblo] *MS.* de pueblo

Don Bela.	Sucesso estraño y digno de llorarse. _{Aparte.} ¹	
Elbira.	¡Mi hermano muerto! ¡Ay Dios, ques sangre [mía, y deue entristeçerse y no alegrarse!	
Sancha.	¡Vellido, tan infame aleuosía!	
Don Bela.	¿Quién mejor que Vellido?	
Elbira.	Apenas puedo tener el llanto.	2705
Enrrique.	Que era rey dezía, Alfonso, todo el campo.	
Don Bela.	Está en Toledo, mas luego yrán por él, que sirue al moro; tal era de hermano Sancho el miedo.	
Elbira.	¿Bolverá agora doña Elbira a Toro? Dizen que en sus almenas paseando [*fol. 44r.*] su hermano la mató.	2710
Don Bela.	Su muerte lloro.	
Sancha.	¿No estaua aquel don Diego, que retando quedó a don Arias, dentro de Çamora?	
Don Bela.	Seruía a Urraca el fuerte Ordóñez, quando Vellido se finjió con uoz traydora don Diego Ordóñez, y por esta fama riñó con ella y sirue al rey agora.	2715
Enrrique.	Allá los llama el reto; a mí me llama el campo, el azadón; dame liçençia.	2720
Don Bela.	Ramiro, el campo, el azadón te infama, si las armas te uienen por herençia; ciñe la espada, que ceñiste en Françia, y adorna de oro y seda tu presençia, y perdóname, Enrrico, la ygnorançia con que aquí te traté sin conoçerte.	2725
Enrrique.	¿Qué es esto? Hablar en cosas de inportançia: tu historia y calidad, que basta el verte,	

---

¹ *A B C omitted in ms.*

2709 Sancho] *MS.* omitted   2710 Bolverá] *MS.* boluiera   2711 en] *MS.* de   2712 lloro] *C* llora   2713 don] *B* don Don   2717 fama] *A* fame   2721 el azadón] *A B C* y azadón   2727 cosas] *A* cosa

	supimos, Sancha y yo; Sancha, que estima
	que v[uest]ro casamiento se conçierte; 2730
	y si la voluntad te desanima...
	vamos, hija, los dos; déjale agora,
	que pienso que el secreto le lastima.¹
SANCHA.	Más lastima su amor a quien le adora. *Vanse.*²
ENRRIQUE.	¡Qué presto descubriste en tu lenguaje 2735
	que eras villana, ingrata labradora!
	¡Fié de tus palabras mi linaje;
	dixístele a don Bela y a su hija,
	porque ella me persiga y él me ultraje!
ELBIRA.	No te aflijas.
ENRRIQUE.	¿No quieres que me aflija? 2740
	¡Tú eres prinçipal, tú muger noble!
ELBIRA.	Ni un ora el alma aqueste cuerpo rija,
	si lo dixe; ni usé de trato doble; [*fol. 44v.*]
	ella lo oyó, quando conmigo hablauas,
	escondida en las ramas de aquel roble; 2745
	pero, ¿quieres sauer lo que dudauas?
ENRRIQUE.	¿Qué tengo que sauer? Yrme conuiene.
ELBIRA.	Más te pienso fiar que me fiauas.
	Vente conmigo.
ENRIQUE.	¿Adónde?
ELBIRA.	Adonde tiene,
	Enrrique, el çielo tu descanso y mío. 2750
ENRIQUE.	¿Y si esta gente tras nosotros uiene?
ELBIRA.	Cauallos ay.
ENRRIQUE.	La uida te confío. *Vanse.*

*Salen doña Sancha, don Bela, y Suero.*³

| SANCHA. | Acaba ya de tomar |
| | en esto resoluçión. |

---

¹ *A B C Vase.*   ² *A B C Vase.*
³ *A B C Salen Doña Sancha, Suero, y Vela.*

2732 déjale] *MS.* dexare   2737 Fié de] *A B C* Si hoy   2738 dixístele] *A B C* le dixiste   2742 ni] *A B C* no   2743 usé] *A B C* sé
2750 Enrrique, el çielo] *A B C* el cielo, Enrique

Don Bela.	E pretendido esperar,	2755
	Sancha, mejor ocassión	
	para poderlo tratar,	
	que basta la vez primera	
	dezir a Enrrique quién era;	
	ya que más quieto le ueo,	2760
	le diré n[uest]ro desseo,	
	aunque Castilla se altera;	
	que quando es tiempo de guerra,	
	mal casamientos se tratan,	
	y más en la propia tierra.	2765
Sancha.	En cosas que se dilatan,	
	daño la tardanza ençierra.	
	¿Qué inporta que esté Çamora	
	llena de retos agora,	
	y que por hombre tan malo	2770
	muestre el viejo Arias Gonzalo	
	que noble sangre athesora?	
	Ya Vellido al rey mató,	
	y de su padre Fernando	
	la maldición alcanzó,	2775
	y Alfonso uendrá reynando,	
	si a Toledo el Cid partió.	
	Peleen los castellanos	
	de los muros de Çamora,	
	prueuen si es trayçión agora	2780
	con las armas en las manos;	
	....	
	Y tú, retirando aquí,	
	trata la paz de tus años	
	y dame el remedio a mí.	
Don Bela.	¡Suero!	
Suero.	¡Señor!	
Don Bela.	Los engaños	2785
	de Vellido de Olfos ui,	

2757 poderlo] *A B C* podello   2758 vez] *MS.* voz   2760 le] *B* lo
2775 alcanzó] *A B C* le alcanzó   2777 el Cid] *A B C* el rey   2780
si es trayçión] *A B C* su trayçión

	con dolor de auer perdido	
	tal rey, amparo y señor.	
SUERO.	Bien llora un reyno, ofendido	
	de las manos de un traydor,	2790
	a su corona atreuido.	
	¡A la fe, que no an de hallar	
	rey como Sancho!	
DON BELA.	A Ramiro	
	me llama. [fol. 45r.]	
SUERO.	Voyle a llamar.	
	Remiso, padre, te miro.	2795
DON BELA.	Ya te procuro agradar.	
	Tú que tienes qué uiuir,	
	puedes tener más paçiençia;	
	yo soy quien no e de sufrir,	
	pues, haré tan presto ausençia	2800
	de todo bien con morir;	
	estoy de la alteración	
	de Castilla en cuydado.	
SANCHA.	Pues, padre, en esta ocassión,	
	las partes de un yerno honrrado	2805
	la mejor defensa son!	
	él te guardará tu casa.	

Sale Suero.

SUERO.	Al campo se fue Ramiro.	
DON BELA.	¿Ramiro al campo?	
SUERO.	Esto pasa.	
DON BELA.	En este tiempo me admiro,	2810
	que el sol encendido abrasa.	
SUERO.	Y Pascuala yua con él,	
	según Tello me a contado.	
SANCHA.	¿Qué dizes?	

2790 de un] *B* de ve   2800 pues] *B* qnes   2801 de todo bien con morir] *A B C* de todo con bien morir   2803 en] *A B C* con   2805 yerno] *A B C* reyno   2807 él te guardará tu casa] *A B C* ésse guardará mi casa

Suero.	Dígalo él.	
Sancha.	De mi çeloso cuydado	2815
	haré uenganza cruel.	
	Llama a Tello.	
Suero.	Él viene aquí.	

Sale Tello.

Don Bela.	¿Vienes del campo?	
Tello.	Abrá un ora.	
Don Bela.	¿Y estaua Ramiro allí?	
Tello.	Y con Pascuala, señora.	2820
Don Bela.	¿Con Pascuala? ¿Cómo ansi?	
Tello.	Apriesa los dos uinieron,	
	y diziéndome entre dientes	
	que era una apuesta que hizieron,	
	en dos rozines valientes,	2825
	puesto que en pelo, subieron;	
	era l[a] apuesta correr,	
	pero tan larga carrera	
	la apuesta debió de ser,	
	que pasaron la ribera,	2830
	y agora están por boluer.	
Don Bela.	¿Ramiro y Pascuala?	
Tello.	Bueno,	
	digo que juntos los ui.	
Sancha.	Bien lo ui de su respuesta.	
Don Bela.	Di, Tello, ¿hazia dónde uan?	2835
Suero.	¿Qué os fatiga, qué os molesta?	
	Que sin duda boluerán	
	en acabando la apuesta.	
Tello.	A Toro me pareçió	
	que lleuauan el camino.	2840
Don Bela.	Tras ellos me parto.	

2817 aquí] *B* oqui 2818 Abrá un] *C* Hará una 2822 Apriesa] *A B C* aprisa 2827 l[a] *A B C* el 2832 y] *A B C* o / Bueno] *A B C* Sí 2838 la apuesta] *A B* el apuesta 2839 pareçió] *C* parecía

SANCHA.	Y yo. *Vanse los dos* [1]
SUERO.	Ello a sido desatino.
TELLO.	Pues, ¿no an de alcanzarlos?
SUERO.	No.

                Reniega tú, sin reçelo
                lleuan de ser alcançados,   2845
                que corran al sol, al yelo,
                juntos dos enamorados
                en dos rozines en pelo.   *Vanse.*

Tocan caxa, salen don Pedro, Silo, Ordoño, y don Yñigo con banderetas. [2]

DON YÑIGO.	Apellidad la uoz de Alfonso todos.
TODOS.	¡Alfonso, uiua Alfonso, castellanos! 2850
	¡Toro por don Alfonso!
DON PEDRO.	De mil modos [*fol. 45v.*]
	responden los cobardes çiudadanos.
DON ORDOÑO.	Pues, ¿no es Alfonso sangre de los godos?
	¿No le uiene legítimo a las manos
	el çetro, y a la frente la corona? 2855
	¿Puédesela oponer otra persona?
	¿No es hermano de Sancho, no le hereda?
DON SILO.	Así es verdad, pero uiuiendo Elbira,
	Toro con su gouierno libre queda.
DON PEDRO.	¿Elbira es muerta?
DON YÑIGO.	Dizen que es mentira, 2860
	y hasta que la verdad saberse pueda,
	lo más del pueblo a su señora mira;
	pero, esta vez, de Toro las almenas
	de vanderas del rey quedarán llenas.

---

   [1] *A B C Vanse Vela y Sancha.*   [2] *A B C Tocan caxas, salen don Pedro, Silo, Ordoño, don Iñigo con vanderas todos.*

2844 Reniega tú, si recelo] *A* Yo te digo su rezelo *B C* Yo te digo, si recelo   2855 la corona] *A B C* su corona   2856 puédesela] *A B C* puédesele   2858-59 *A B C* assigned to Ordoño

Don Pedro.	Yo e de poner la mía.
Don Yñigo.	Y yo la mía. 2865
Don Ordoño.	Esta pondré el segundo.
Don Silo.	Y yo el tercero.
Don Pedro.	Esta casa es del ayo que tenía, que fue Nuño Velázquez, su braçero.
Don Ordoño.	Como no sale al son del alegría, pues, agora el que fuere cauallero 2870 a de dar a su rey justa obediençia.

....

Sale Nuño Velázquez.

Nuño.   ¡A, caualleros de Toro!
¿Esto se sufre? ¿Es bien hecho
que se la entreguéys a Alfonso
contra la opinión del pueblo?   2875
¡Cargados uáys de vanderas
que auéys quitado a los templos;
de vanderas que a los moros
quitauan los padres vuestros
para ponerlas en muros,   2880
que con la uoz de don Diego
vendió Vellido a don Sancho,
que yaze a sus manos muerto!
¿No era mejor ymitar
[a] aquellos basallos buenos   2885
del conde Fernán González,
que aquella ymagen hizieron,
con que le yuan a buscar,
echo a una uoz juramento
de no boluer a Castilla   2890
sin su señor uiuo o muerto?   [*fol. 46r.*]

2866 pondré] MS. *A B* pondrá   2867 Esta casa es del ayo que tenía] *A B* Esta casa e la que yo tenía *C* Aquesta casa y la que yo tenía   2868 fue Nuño] *C* fue de Nuño   2869 al son] *A B* el sol / del] *A B C* de la   2871 obediençia] *B* obediencie   2883 yaze] *A B* jace   2888 que le yuan] *A B C* que yuan   2889 echo a una uoz] *A B C* hecho una vez

	¿No fuera bien discurrir	
	çiudades, montañas, yermos,	
	en busca de doña Elbira,	
	que no con tanto instrumento,	2895
	con tanta uoz y alegría,	
	quando está cubierto el suelo	
	del luto del rey don Sancho,	
	y don Alfonso en Toledo,	
	apellidarle por rey?	2900
Don Yñigo.	¿Nuño, no es del rey el reyno?	
Nuño.	Yñigo, no digo yo	
	que de Castilla no es dueño;	
	pero Toro ni Çamora	
	no son suyas; quizá el çielo	2905
	por quitárselas don Sancho	
	le dio el castigo que uemos.	
Don Ordoño.	Mientras no pareçe Elbira,	
	¿no es mejor que caualleros	
	tan nobles como nosotros	2910
	obedientes nos mostremos	
	a tan gran rey y señor?	
Nuño.	Ordoño, yo lo confieso,	
	pero no en que déys a Toro,	
	que una uez gouierno puesto	2915
	por el rey, no podrá Elbira	
	cobralle siglos enteros.	
Don Pedro.	Sigue tú, Nuño Velázquez,	
	la parte en que tienes puesto	
	tu gusto, y bamos de aquí.	2920
	¡Viua Alfonso!	
Todos.	¡Viua!	*Vanse los caualleros.*[1]
Nuño.	¡A, cielos!	
	¿Esto puede la lisonja,	

---

[1] *A B C Vanse los caualleros, queda Nuño.*

2898 del luto] *A B* de luto   2905 suyas] *A B C* suyos   2914 déys] *A B C* des   2917 enteros] *A B C* eternos   2919 parte en que] *MS.* parte que   2921 *A B C*: *Todos*: ¡Viva Alfonso! *Nuño*: ¡A, cielos!

la ambiçión y los desseos
de agradar al poderoso?

Salen doña Elbira y Enrrique.

ELBIRA.	Aquí me aguarda.	
ENRRIQUE.	Aquí quedo.	2925
ELBIRA.	¿Viue aquí Nuño Velázquez?	
NUÑO.	Yo soy, amigos; ¿qué es esto?	
	¿Venís acaso a quejaros?	
ELBIRA.	No, señor, que sólo vengo	
	a uer si en v[uest]ro seruiçio,	2930
	que tenéys dos hijas creo,	
	queréys una labradora.	
NUÑO.	Hija, en este tiempo, tengo	
	más necessidad de hombres	
	que tomen las armas presto.	2935
ELBIRA.	¿No me conocéys, don Nuño?	
NUÑO.	¡Ay, çielo santo! ¿Qué ueo?	
	¿Adónde estauan mis ojos?	
	No estauan con mis desseos.	
	¡Infanta y señora mía!	2940
	Dadme...	
ELBIRA.	¡Paso, con silencio!	
	Ya sé todo lo que pasa;	
	ya e uisto los caualleros	
	yr apellidando [a] Alfonso.	
NUÑO.	No os espantéys, son mançebos.	2945
	¡Vive Dios! que su lealtad	
	yo sé bien que uiue en ellos.	
ELBIRA.	Dadme unas armas a mí.	
NUÑO.	Que las pusisteys me acuerdo,	
	señora, ya [ha] muchos días,	2950
	de aquel v[uest]ro hermano muerto.	
ELBIRA.	¡Ramiro!	

2936 conocéys] *A B C* conoces   2943 los] *B* lds   2946 ¡Vive Dios!]
MS. Viuid uos   2949 pusisteys] *A B* pusistes   2950 line missing
in *MS.*

Enrique.	¡Pascuala!	
Elbira.	Dalde	
	armas y cauallo luego	
	al villano que miráys.	
Nuño.	De su presençia sospecho	2955
	que harto mejor que el sayal	
	le ha de uenir el azero.	
Elbira.	La presteza es lo que inporta.	
Nuño.	Armas y cauallo tengo. [fol. 46v.]	
Enrique.	Pascuala, si en Toro uiuís,	2960
	éste es el signo del cielo. *Vanse.*	

Salen doña Sancha, don Bela, y Suero.

Don Bela.	A mal tiempo emos uenido	
	para buscar los traydores.	
Sancha.	Aquí se abrán escondido.	
	La trompeta y los tambores	2965
	me atruenan alma y sentido.	
Don Bela.	Ve, Suero, mirando bien	
	si por las plazas están.	
Suero.	Sólo soldados se uen,	
	mas, ¿con qué hazienda se os uan,	2970
	o qué pretendéys que os den?	
	¿Qué pleyto poner pensáys	
	a dos amantes huýdos	
	que aborrecidos amáys?	
Don Bela.	Luego, ¿uenimos perdidos?	2975
Suero.	¿No lo ueys, no lo tocáys?	
Sancha.	Disculpa tiene el amor	
	de qualquiera desatino.	
Don Bela.	Por mí se dirá mejor.	
Suero.	En uano a sido el camino.	2980
Sancha.	Poco ay del amor al error.	

2958 presteza] *A B C* presencia   2960 uiuís] *A B C* vives   2967 mirando] *B* marando   2981 del amor al error] *A B C* de amor a error

Don Bela.	Boluamos a Villalonso.
Suero.	Ese camino es más ancho.
Dentro.	¡Toro por el rey Alfonso!
Don Bela.	Aún no a cantado a don Sancho, 2985
	Çamora, el primer responso,
	y apellidan rey en Toro.

Salen con vanderas don Yñigo, don Pedro, Silo, Ordoño, y Nuño Velázquez.

Nuño.	No guardáys bien el decoro,
	caualleros, a la Infanta.
Don Yñigo.	¿Esto es razón?
Don Pedro.	Y lo es tanta, 2990
	que el fauor del pueblo imploro
	contra uos los parçïales
	que inpiden que el muro adornen
	estas vanderas reales.
Nuño.	Quando mensajeros tornen 2995
	que traygan nueuas yguales
	de la Infanta doña Elbira
	a las que del muerto hermano
	que a manos de Olfos espira,
	ser de Alfonso Toro, es llano; 3000
	mas si ella uiue, es mentira.
Don Ordoño.	Nuño, si a v[uest]ra uejez
	no mirara n[uest]ra edad,
	en otro mundo esta uez
	supiérades la uerdad 3005
	de que es el mundo jüez.
	Muerta es Elbira; esto sobra.

Sale doña Elbira armada, con sombrero de plumas y rebozo, y Enrrique.[1]

---

[1] *A B C Sale doña Eluira armada con sombrero con plumas y rebozo, y con ella don Enrique.*

2990 Esto] *C* Y esto   2992 uos los] *A B C* vos y los   2993 adornen] *A B* doren   3003 n[uest]ra] *C* vuestra

ENRIQUE.	¡No sobra! ¡Afuera, villanos,
	que ay aquí quien su honor cobra,
	y que con mejores manos 3010
	pondrá la defensa en obra!
DON SILO.	Pues, ¿quién soys uos, cauallero,
	que pareçéys estranjeros?
ENRRIQUE.	Duque de Borgoña soy,
	que con doña Elbira estoy 3015
	casado.
DON YÑIGO.	Dudarlo quiero,
	porque Nuño abrá querido,
	por entretener a Toro,
	que ayas tal nombre finjido.
DON BELA.	Caualleros, si el decoro 3020
	de un viejo mereçe oýdo,
	viejo que, un tiempo estimado
	de v[uest]ros padres, tenía [fol. 47r.]
	voto en la razón de estado,
	y que a Fernando seruía 3025
	en la paz y guerra al lado;
	si os acordáys de don Bela,
	creed que aquéste es Enrrique,
	y que no es esto cautela;
	mas, dejad que le suplique, 3030
	por lo que el alma reçela,
	que me diga si es casado
	con la Infanta.
ENRIQUE.	Y lo estoy.
DON BELA.	Pues, ¿adónde está?
ENRRIQUE.	A mi lado.
DON BELA.	¿No era Pascuala?
ELBIRA.	Yo soy 3035
	Elbira.
DON BELA.	¡Buen lance e hechado! *Descúbrese Elvira.*[1]

---

[1] *MS.* omitted

3010 mejores] *A B* mugeres   3016 casado] *MS.* caso   3019 ayas] *A B C* ayáis   3028 Enrrique] *A B C* Enrico   3030 dejad que le suplique] *A B C* dexad, yo le suplico

Don Yñigo.	De rodillas a tus pies	
	estamos todos.	
Elbira.	¡Vasallos,	
	Toro es mía!	
Todos.	¡Tuya es!	
Sancha.	Déxame tus pies besallos,	3040
	para que perdón me des.	
Elbira.	Sancha, ygual a tu decoro	
	será el de Lara.	
Sancha.	Remedia	
	mi engaño.	
Elbira.	Yo a Enrrique adoro,	
	y aquí acaba la comedia	3045
	de *las almenas de Toro*.	3046

fin

*de la 3 [tercer]a jornada de las almenas
de Toro* [1]

Rubric

---

[1] *A B Fin de la famosa comedia de las almenas de Toro C FIN.*

NOTES TO THE TEXT OF
LAS ALMENAS DE TORO

NOTES TO THE TEXT

Dedicatoria. The dedication of the play to Guillén de Castro was first published in *Parte XIV* of Lope de Vega's *comedias* in 1620.

7. *Dido.* Guillén de Castro's play, *Dido y Eneas,* deals with Dido's love for Aeneas, the hero of Virgil's *Aeneid.* The play was first published in the *Segunda parte de las obras de Guillén de Castro* in 1625.

8. *el dia que yo la oí en essa illustrissima ciudad.* See the discussion on the date of composition in the introduction to this edition. The spelling of *ll* for *l* in *illustrissima* attests the Latin etymology of the word, not its pronunciation. See Hill and Harlan's note on *illustre* in their edition of Lope's *Peribáñez* in *Cuatro Comedias* (New York, 1941), p. 131, note to l. 418.

In the sonnet:

Fenisa Dido. Immortal Dido (?). *Fenisa* as an adjectival form of *fénix* is not listed in any of the consulted dictionaries. The phoenix is a mythological bird which consumed itself in flames to be reborn from its own ashes. Dido killed herself by leaping on her own pyre. She has since been reborn many times, because poets retell her immortal story.

el mar Sydonio. The Mediterranean Sea. The Sidonians of Phoenicia were great sailors of this area.

Ausonio. Decimus Magnus Ausonius (A. D. 310-395). A Gallic poet who wrote an epigram on Virgil.

Page 55

Lines 9-10. *como | siente Aristóteles*: como piensa Aristóteles. Aristotle (*Poetics* V) asserts that comedy is a representation of people of inferior rank. The seventh acceptation of *sentir* in Martín Alonso, *Enciclopedia del idioma,* 3 vols. (Madrid, 1958), is "XV al XX, juzgar, opinar, formar parecer o dictamen." Also see entry by Carmen Fontecha, *Glosario de voces comentadas en ediciones de textos clásicos* (Madrid, 1941). Cf. " ... antes soy venido a buscar tal medicina de vuestras manos qual soy informado y siento que me podréis dar." (Lope de Rueda, *Armelina,* ed. Emilio Cotarelo y Mori, [Madrid, 1908], I, 130).

10 *Robertelio Vtinense.* Robertellus produced the first critical edition of Aristotle's *Poetics* in 1548, with a Latin translation and learned commentary. *At ... imitatur* is a quotation from this translation, referring to the principle that tragedy deals only with the greater sort of men. See J. E. Spingarn, *A History of Literary Criticism in the Renaissance,* 2nd ed. (New York, 1924), pp. 17 and 63.

11-15. *de donde ... Epicharmo.* Render: "de donde se sigue la clara grandeza y superioridad del estilo [de la tragedia]; aunque por su antigüedad, tan reñida de los de Athenas con los megarenses, [la comedia] aspire al lugar primero, que no le [a la comedia] concede Donato [en su comentario] sobre Terencio, honrando de este titulo a Epicharmo."

Aristotle (*Poetics* III) states that the Dorians claimed to be the originators of both comedy and tragedy. Epicharmus was the earliest Megarian writer of comedy (the Megarians were a subdivision of the Dorians). Donatus, a fourth-century grammarian and commentator of Terence, believed tragedy to be older than comedy: "Ita etiam temporum ipso coepto ordine tragoedia primo prolata esse cognoscitur. Nam ut ab incultis et feris moribus paulatim perventum est ab mansuetudinem, urbesque sunt conditae, et vita milior atque otiosior prossit: ita res tragicae longe ante comicas inventas."

14-15. *deste / titulo.* I. e., "of having been first," "the honor of having been first." The Academy dictionary (1956) lists: "*Título,* renombre o distintivo con el que se conoce a una persona por sus cualidades o sus acciones." For *título* meaning "honor," cf. Juan de Mena, *El laberinto de fortuna,* ed. José Manuel Blecua (Madrid, 1943), p. 80: "Creçían los títulos frescos a bueltas."

15-17. *género ... Menandro.* Gloss: "In short, a jocose genre which, in Old Comedy, allowed subjects like [those of] Aristophanes, whom Socrates ridiculed, and Menander corrected." Aristophanes was the last and chief exponent of Old Comedy. In his hands, the genre was highly polemical and satirical regarding the political and social questions of the age, but was characterized by wild fantasy and a striking disregard of plausibility and realism. One target of Aristophanic satire was Socrates who, in the *Clouds,* is portrayed as a director of a "thinking shop" designed to instruct young men in the art of sophistry. In one scene, he swings aloft in a basket, heaven-bound for the sake of clear thought. Socrates, in Plato's *Apology,* derides Aristophanes for having written such nonsense. Menander was the writer of New Comedy. In contrast to Old Comedy, New Comedy avoided the polemics and fantasies of its predecessor and used contemporary subjects taken from the everyday life of the upper middle class of Athens. Thus, in Lope's opinion at least, Menander corrects the fantasies of Aristophanic comedy. See Philip Wholly Harsh, *A Handbook of Classical Drama* (Stranford, 1944), pp. 257-263 and 315-321.

17-18. *sus sátiras prohibidas por ley de / Roma, de que haze memoria Horacio en vna carta a Augusto.* Horace defended modern Latin poetry against the charge that it lacked quality because it was not "ancient enough." He showed that age is not in itself a sign of merit, adducing as proof the Fescennine verses, the oldest form of Italian drama, which were restricted by law because of their coarseness. See Horace's letter to Augustus in *Horace, Satires, Epistles, Ars Poetica,* ed. H. Rushton Fairclough (London, 1955), pp. 394 and 408-409.

19. *Mimos.* In antiquity, mimes were pantomimes of short scenes from daily life. They were considered low comedy.

19. *Tulio.* Marcus Tullius Cicero (106-43 B. C.). Cicero's strictures against such vulgarity are found in his *De Oratore.*

23. *donde.* In the context, *donde* means "por," "a causa de," "por la que," "a causa de la cual." Hayward Keniston in his *Syntax of Castilian Prose* (Chicago, 1937), 16.244, documents the use of *donde* from Lope de Rueda meaning "por eso." In the *Quijote,* there is one example of *donde* for *de*

donde (see the edition by F. Rodríguez Marín [Madrid, 1947-49], I, 274, note 4) and one of *do* for *de donde* (II, 376, note 8). Rodríguez Marín also adduces four parallels in which *donde* (*do*) for *de donde* (*do*) designates origin rather than cause. See also Keniston 16.269: "dende su niñez se acostumbran a las armas, por do vienen a ser muy diestros en ellas." Cf. *donde* meaning "por lo que" in the *Celestina*, ed. Julio Cejador y Frauca (Madrid, 1955), I, 242: "Que assí como el primer mouimiento no es en mano del hombre, assí el primer yerro; donde dizen que quien yerra e se emienda, etc."
25. *quentos*. Numbers.
25. *Obligado estaua yo a dirigir a V. M. tragedia*: obligado estaba yo a dedicarle a V. M. [una] tragedia. *Dedicar* is the tenth acceptation of *dirigir* in Martín Alonso, *Enciclopedia del idioma*. For the omission of the indefinite article where it would seem to be equally possible to consider the noun as specific, see Keniston 20.53.
28. *por la costumbre de España*. I. e., "[y como] por la costumbre de España."
30. *el que tiene*. I. e., "el [estilo] que tiene."
FIGVRAS DE LA COMEDIA. The *dramatis personae*, not a part of the manuscript, is from *Parte XIV*.
Representóla Morales, y hizo la gallarda Iusepa Baca à doña Eluira. This is the only extant material concerning the performance of the play. Juan de Morales Medrano was one of the most famous of the Spanish theatrical directors. Jusepa Vaca, his wife, was a successful actress. Little is known of their lives, except that they were married on December 27, 1602. Jusepa Vaca was still living in 1634. See Rennert and Castro, *Vida de Lope de Vega* (Madrid, 1919), p. 162; and H. Rennert, *Spanish Actors and Actresses* (New York, 1907), pp. 109-110 and 180.
Line 1 of *Las almenas de Toro*. *cierra*. The *MS*. reads "cierran" but the "n" is partially deleted.
4. *¿De qué te quejas, señor?* A B C read "¿De qué te espantas, señor?" which does not fit the meaning of the context as well as the *MS*. reading. Sancho is not afraid, or even alarmed; a state of frustration of anger seems appropriate.
11-12. *Pues, si muerto el rey Fernando / Primero, rey de Castilla*. A B C read: "Pues, si muerto el rey Fernando / el primero de Castilla" which avoids the redundant use of the word "rey." Fernando I, *el Magno*, was the first king to reign in Castile. Fernando's father, Sancho *el Mayor* of Navarre brought the *condado* of Castile into his power by marrying the daughter of the Count Sancho García, then ruling there. He inherited it upon the latter's death in 1017. By a grant from León, Castile became a kingdom in 1032, but the title was not used until Fernando ascended to the throne in 1035.
14. The deletion of an illegible word appears between "por" and "eterno" in this line.
16. *eres quien a de amparalla*. Sancho, being the oldest son, ought to protect his sisters. The *Primera crónica general*, however, states: "Et el rey don Fernando comendara sus fijas donna Vrraca et donna Eluira al rey don Alffonso su fijo, et hermano dellas, teniendol por mas mansso et mas mesurado que a los otros." See *Primera crónica general*, ed. R. Menéndez Pidal (Madrid, 1955), II, 495b, ll. 2-5.
21. *si juré*. In the *MS*., "si" appears as "sin" and the "n" is partially deleted.
28. *que [he] eredado*. In seventeenth-century manuscripts, many common words were abbreviated, especially the *que*. If the first syllable of the past

participle was the same as the auxiliary, then the latter occasionally was not written, because the written version represented the synalepha of the spoken words in which a final vowel absorbed the identical initial vowel of the following word. This frequently occurred with the preposition *a*. In this *MS.*, the above clause appears as "q eredado."

30. *lo más fuerte y bien cercado*. Toro and Zamora formed the basic line of defense against the Moorish incursions. The Duero River was considered the Leonese border. Fernando I moved this boundary from the Duero to the Mondego. Both Toro and Zamora were located on the Duero and were known for their fortifications. Cf.

> Allá en Castilla la Vieja
> Un rincón se me olvidaba,
> Zamora había por nombre,
> Zamora la bien cercada;
> De una parte la cerca el Duero,
> De otra Peña Tajada;
> Del otro la morería,
> ¡Una cosa es muy preciada!
>
> (Agustín Durán, *Romancero general o colección de romances castellanos anteriores al siglo XVIII*, in *BAE*, X, XVI [Madrid, 1849-51], no. 763.)

> Generoso esplendor, sino luciente,
> No solo es ia de quanto el Duero baña
> Toro, mas de el Zodiaco de Hespaña;
> I gloria vos de su madura frente.
>
> (Góngora, *Obras poéticas*, ed. Foulché Delbosc [New York, 1921], II, 253.)

33-70. Don Sancho is defending his position against the insinuation of Ansures that he is unjust in violating the will of his father by attacking Elvira instead of protecting her. Sancho's argument is that if Elvira and Urraca marry foreign princes, disunion could occur if one of these supposed husbands should aspire to the crown of Castile. Alfonso (*el rey de León*), or partisans of the two princes who he asserts probably exist, could aid the insurgents. Sancho wants his children to inherit the throne of Castile. He had already removed García from effective power, with the help of the Galician nobles. Alfonso was defeated by Sancho at the battle of Golpejera, in January, 1072. Alfonso took refuge with the Moorish king of Toledo.

Lines 47-49 are misleading, because Sancho states that Alfonso has *feudo* and *jurisdisción* in Castile. *Feudo* in the eleventh century was the rule of a vassal or lord without subordination, except in title only, to the king. See Ballesteros, *Historia de España* (Barcelona, 1920), II, 637-638. According to Fernando's will no such arrangement was possible. Literally, therefore, the line is vague; elliptically, it could refer to Alfonso's designs of wishing to return to the throne of León and also rule Castile.

49. *jurisdisción*. In the *MS.*, this word is spelled "juridisción."

51. *derribarme*. The *MS.* reads: "deribarme." The writing of medial *rr* as *r* was common in Lope's day, although he was never guilty of the error in his autographs except when printing out the title pages. See W. L. Fichter's critical edition of Lope's *El sembrar en buena tierra* (New York, 1944), p. 156. Other examples of writing *r* for *rr* in this manuscript are "morión" (l. 895), "aroyo" (ll. 1025 and 1216), and "coriente" (l. 1213).

53. *sin tiempo*. "Untimely." Martín Alonso, *Enciclopedia del idioma* gives the expression as: "fuera de tiempo." Sancho implies that his sisters should inherit his territory only through his natural death.
57. *por via de barón*. The MS. reads: "por línea de barón."
61. *Dadme que casen las dos*. "Grant that the two of them marry." *Dar* in the sense of *conceder* is listed by Martín Alonso, *Ciencia del lenguaje y arte del estilo* (Madrid, 1955), p. 1011.
71. *¿Qué sentis?* "What do you think?" See note to the dedication, ll. 9-10.
77. *v[uest]ro padre me crió*. Fernando I had organized schools for his children, probably under the direction of some learned bishop or priest. They studied the liberal arts; and the three males, in addition, were given practical training in the use of arms, the handling of horses in battle, and war tactics. According to Menéndez Pidal in *La España del Cid*, 5th ed. (Madrid, 1956), I, 125-129, Rodrigo most likely was educated with Sancho in the school which Fernando had established for him. It would seem, therefore, that Rodrigo's words "vuestro padre me crió" are historically correct. The play is truer to history than poetic tradition which, anachronistically, has Rodrigo defeating five Moorish kings as early as 1035.
97. *quitarla*. *La* was occasionally as the feminine indirect object, as it is by some writers today. See Keniston 7.32, and Ramsey and Spaulding, *A Textbook of Modern Spanish* (New York, 1956), 4.30.
102. *quando*. *Cuando* was used for *si* in conditions contrary to fact. See Keniston 29.731.
103-104. *Mas con ballestas y lanças / piérdense las confianças*. Elliptical for "Mas [cuando os ve acompañado de vasallos] con ballestas y lanças, piérdense las confianças."
105. *considera*. I. e., "respects." See Acad.
113. *Es muy biejo*. The MS. copyist unnecessarily repeats Sancho's name as the speaker of these lines.
115. *espejo*. A model in the sense of a wise tutor. Covarrubias, whose *Tesoro de la lengua castellana* was first published in 1611, says: "El espejo es símbolo del verdadero amigo, que, consultado, nos responde verdad; y assí queda en refrán 'el buen amigo es espejo del hombre.'" The Cid calls Nuño "de sangre mía," but there is no evidence that they were related. Indeed, there is no evidence that Nuño was a historical character. If such a person was the tutor, Sancho should recognize him. See note, l. 77.
120. *con la yntención que e benido*. Render: "con que yntención e benido."
127. *quando*. The MS. reads "y quando."
129-130. *si en berdades / la justa privança estriba*. "If just favor is to be granted on the basis of truth." The common acceptation of *privanza* is "favor at court."
131. *que me escuches dos raçones*. For a discussion of the annunciative *que*, see Keniston 42.41 and 29.16. *Dos raçones* is equal to "pocas palabras." Cf. *Don Quijote*, III, 418, 16-17: "El primer Cura dio al segundo, en dos razones, cuenta de quién era don Quijote."
136-140. *Vese el exemplo en Noé / maldiciendo a Can*. Noé had three sons, Sem, Cham, and Japheth. One day, after the deluge, Noé became drunk and was found naked in his tent by Cham. The latter told his brothers of the incident. The other two covered their father and refused to look upon his nakedness. Cham was later cursed by Noé for his action. Sem and Japheth were praised. See Gen. 9:22-27.

141-150. The Cid vividly recalls to Sancho's memory the dying words of Fernando, emphasizing the solemnity of the occasion by saying "en la última ora" and "el santo rey." A few ballads relate of Fernando's curse on anyone who might deprive Urraca of her inheritance. There is no historical record of this curse.

146. *que al hombre.* The *MS.* reads: "quel hombre."

155. *hermanos.* The Cid is obviously referring to Elvira and Urraca. Fernando's curse was on anyone who would deprive Urraca of Zamora (see *Durán,* 761 and 763). In a more general sense, the Cid may be thinking also of Sancho's collaboration with Alfonso in depriving their brother, García, of part of his inheritance (see *La España del Cid,* I, 169-171). As previously noted (note to ll. 33-70), Sancho had already attacked García and Alfonso against the wishes of his father. Lope probably justified the use of *hermanos* by keeping this latter fact in mind, in spite of the direct allusion to Elvira and Urraca, Sancho's *hermanas.*

157-158. *Yo debo, / rey, aconsejarte ansi.* The *Primera crónica* states that when Fernando lay dying he gave the Cid authority to advise his five heirs. Menéndez Pidal doubts that this is true, because of the Cid's youth at that time. See *La España del Cid,* I, 141.

159-160. *El yntento que yo llebo / conbiene al reyno y a mí.* That is, the intention to unite all of his father's kingdom. The Gothic tradition was not to divide a kingdom for the sake of giving an inheritance to each son; the first-born inherited everything. Sancho's grandfather, Sancho *el Mayor* of Navarre, united most of Christian Spain, but was reluctant to follow the Gothic tradition which had been observed by the Leonese. When Sancho *el Mayor* died, his oldest son, García, received Navarre; Fernando, the second-born, received Castile; Aragón went to a bastard son, Ramiro. León, then a part of Navarre, was restored to its deposed ruler, Vermudo III. In 1037, two years after the death of his father, Fernando seized León and killed Vermudo, his brother-in-law, at Tamarón. García lost his life and Navarre to the Castilian king at the battle of Atapuerca in 1054. Ramiro continued to reign in Aragón. Fernando apparently forgot the turmoil caused by dividing a kingdom and made the same mistake as his father. By the time Sancho attacked Zamora in the fall of 1072, Alfonso was in exile in Toledo and García was virtually powerless in Galicia with internal problems. According to Sancho in this text, Toro and Zamora are the last points of resistance. The Cid speaks out against Sancho's determination; later, he supports it. See ll. 308-311:

> que Sancho no quiere estar
> por el paternal partido,
> pues un reyno diuidido
> no se puede conserbar.

In Guillén de Castro's *Las mocedades del Cid, primera parte,* Diego Laínez warns Fernando:

> Si bien lo adviertes, señor,
> mal prevalece una casa,
> cuyas fuerzas, repartidas,
> es tan cierto el quedar flacas.
> Y el príncipe, mi señor,
> si en lo que dices le agravias,

pues le dio el cielo braveza,
tendrá razón de mostralla.
(*Obras de Guillén de Castro*, ed. E.
Juliá Martínez [Madrid, 1926], II, 205.)

170. [*Vase.*] We supply the stage direction to complete the meaning of the text. See note, ll. 171-172.

170. *mas no puedo.* In the *MS.*, these words are entered in the right margin replacing "pero no," which are deleted from the text.

171-172. *A B C* attribute these lines to the Cid. We follow the *MS.* in assigning them to Sancho, because it seems apparent from the context that the Cid has already left on his mission, leaving Sancho and Ansures to converse.

176. Stage direction. The *MS. reads* "Sale don Diego Ordóñez y doña Elbira." The singular is used for the plural in stage directions for ll. 176, 512, 671, 938, 1485, and 2004 in the *MS.*

178. *Pésame.* The *MS.* reads "piesame."

186-187. *de su parte / de la ynfanta.* For the redundant use of the possessive adjective in the third person, see Keniston 19.291.

188-189. *hacía / ... jente.* This expression is used in the sense of "recruiting an army." See Aniceto Pagés de Puig, *Gran diccionario de la lengua castellana (de autoridades)*, 5 vols (Barcelona, 1932): "*Hacer gente*: fig. y fam. Ocasionar reunión de gente, llamando su atención de algún modo."

191. *señor del Andalucía.* Lope misrepresents history in this line, for the Moors were not dominant in all of Andalucía in 1072. After the death of Almanzor (1002?), Moorish unity was disrupted and several weak kingdoms were formed, called *taifas*. Their military weakness facilitated the success of Fernando I. The latter subdued the kings of Badajoz, Toledo, and Seville, and made them pay *parias*, or tributes. Fernando's sons inherited the privilege of collecting tributes, and they, therefore, dominated part of Andalucía. There were no attempted invasions from the south at this time. Lope may have been thinking of the reign of Alfonso VI, slightly later, when Christian domination became such a threat to Moorish power that the king of Seville, Moctámid, solicited aid from the fanatical Almorávides, who crossed over from Africa and drove the Christian back.

The use of *el* before feminine nouns beginning with *a*, stressed or unstressed, was the prevailing practice of the sixteenth century, and this usage continued into the seventeenth. See Keniston 18.121 and 18.123. In this text, cf. "del alegría" in l. 2869.

200-201. *con esto, quiso que fuese / deste abiso enbajador.*
Render: "con esto [en la mente] quiso que fuese deste abiso enbajador."

202-211. The following lines represent an extended play on words involving the city of Toro and a bull engaged in the ring. Diego explains to Elvira that he has been sent to warn her so that Toro may have the strength of a bull against Sancho's assault (*a su rigor*). Diego further explains that Sancho may trick her (*le pueda echar la capa.*) Pagés: "*Capa*, pretexto que se toma para hacer alguna cosa, encubriendo el fin que se lleva en ella." The *capa* also belongs in the bull ring and is used to lure the bull rather than to "hoodwink," but in a sense tricks the bull, who follows the cape instead of the bullfighter. Covarrubias lists the expression "echarle a uno capas porque no le tome el toro," and explains it saying "es favorecerle y escusarle para que no le afrente la justicia, castigándole." This does not correspond to the meaning in our passage, but refers to bullfighters who rescue one another in the ring by drawing the bull away with their capes. Diego exclaims that if Sancho does succeed in fooling Elvira, which he intends to prevent, then Toro will not get out of the ring (*coso*) alive. The same analogy between Toro and the bull in the ring is made in ll. 989-993. Lope, who was not very fond of the sport, frequently referred to the brutal death of the bull in the ring. Cf. "Mueras en manos del vulgo / a pura garrocha en coso." (Said to the runaway bull in *Peribáñez*, ed. Hill and Harlan, in *Cuatro comedias*, p. 28, ll. 238-239.); "Estará como suele toro en coso / muerto del caballero a cuchilladas, / rendido a tierra el cuello sanguinoso." (*Valor, fortuna, y lealtad*, Act. III, Acad. VII, 352.)

218-221. Gloss: "Que el sol nos dijo [que] la encubierta celada, con sus rayos puros en se acero (i. e., las armas de la encubierta celada) amaneció." In other words: "porque el sol nos dijo que [en cuanto a] la encubierta celada [que por oculta no suele verse] estaba amaneciendo [no como acostumbra, en el horizonte,] sino en las armas (acero) de los emboscados, armas que reflejaban sus rayos."

222-224. Elvira presents the ironic situation of giving Sancho a festive greeting (*alegre salba*) and preventing him from entering the city by closing the gates. If Lope intended the meaning of *salba* to be "saludo hecho con armas de fuego," he, of course, committed another anachronism.

245. *para no descuidarte*. An infinitive was sometimes used after the preposition *para*, instead of a subordinate clause. See Keniston 37.941.

250. *vino ayer*. The *MS*. reads "vino a ber."

254. *enemistad*. In the *MS*. this word appears as "enamistad."

258. *acercare*. *Acercar* is used transitively here and means "poner cerca o a menor distancia." See Acad.

283. *terrero*. A terrace. See Carmen Fontecha, *Glosario*: "Espacio despejado frente a un edificio" and "terrado o terraza."

288. *obedecer al mayor*. To obey one's superior. See the note on this meaning of *mayor* by F. Rodríguez Marín, *Don Quijote*, II, 272, note 12.

309. *el paternal partido*. The paternal treaty, that is, Fernando's partition of his kingdom. Acad.: "*partido*, trato, convenio o concierto."

315. *es poco que yguale*. I. e., "es poco [decir] que yguale." Cf. *no es mucho* followed by the subjunctive in Keniston 29.316.

326. *un hombre*. The *MS*. reads "hombre." For the use of the indefinite article for emphasis, see Keniston 20.511.

332. In the *MS*., the copyist omitted the Cid's name as the speaker of these lines. Lope occasionally made this error in his autographs. Cf. *El sembrar en buena tierra*, ed. W. L. Fichter, ll. 688, 913, 945, and 958.

338. *acaso*. The sense of this word here seems to be "by chance." Cf. "... un día de los calurosos del verano, se hallaron en ella acaso dos muchachos de hasta edad de catorce a quince años." (Cervantes, *Rinconete y Cortadillo*, ed. F. Rodríguez Marín [Madrid, 1920], p. 340.)

339. In the *MS*., "pisando" is deleted between "paso" and "mirando."

344-345. *soy de la ciudad / forastero*: soy forastero en la ciudad. The noun *forastero* appears to have adverbial force: soy de fuera de la ciudad."

349. In the *MS*., "ençaga" is crossed out between "en medio o" and "a un."

361-362. *yo, / que, como dixe, salió*: yo soy el que, como dixe, salió.

365. *con buen gusto*. The *MS*. reads "en buen gusto."

368. *esas plumas*. According to Menéndez Pidal, in the introduction to his edition of the *Poema de mío Cid* in *Clásicos castellanos* (Madrid, 1955), pp.

85-94, a knight of the eleventh century did not wear feathers. If Spain followed the trend of France, then feathers might have been worn as early as 1234, but only on hats. The Cid is presumably wearing a helmet, since we know that Sancho's army took its position in battle array. Feathers were sometimes worn on the *salade*, a helmet of fifteen-century origin. See Joan Evans, *Dress in Medieval France* (Oxford, 1952), pp. 15 and 47.

In the *Romancero*, medieval characters were frequently presented in sixteenth-century dress, as for example, in the ballads dealing with Cid's marriage to Jimena and with the knighting of Pedro Arias. Anachronisms in stage dress are explained by Rennert in the *Spanish Stage in the Time of Lope de Vega* (New York, 1909), p. 104:

> As there was little thought of verisimilitude in the stage setting, so, as regards the costumes worn by the players, there was no pretense to historical accuracy. All the characters appeared in the Spanish costume of the time. This is due to a peculiarity —shared in a measure by the drama of other nations at the time (particularly the English), but eminently characteristic of the Spanish drama— that is, the tendency to translate everything which it represents into the present and actual in which it moves: that the remotest past and the strangest occurrences are transformed into the national usages and customs, and that what is most foreign is changed, as it were, to something essentially Spanish. The single exception was in the case of plays founded upon Spanish history or legend, — here only an attempt was made to reproduce the spirit of a bygone age.

Plumas characterized nobility:

> Porque plumas de señor
> podrán darnos por favor,
> a ti viento a mí peso.
>   (*Peribáñez*, ed. Hill and Harlan, ll. 783-785.)

Don Diego refers to the Cid's feathers, and then mockingly calls his sword a mere "feather," that is, a "harmless weapon." Cf. ll. 2002-2003, 2027-28, and the stage direction before l. 3008.

387. *manché*. The *MS*. reads "mancho."

390-391. *en lugar / frío temblar hace al hombre*. *Hombre* is used here impersonally, as in this example from *Don Quijote* (II, 180, 4): "Bien parece —respondió el galeote— que va el hombre como Dios es servido."

423. *¿qué me queréis?*: ¿qué queréis de mí? For other examples of this dative of separation, see *Don Quijote*, II, 229, note to line 15, and Keniston 8.241.

426-430. This scene of the Cid's meeting with Elvira recalls the *Romancero's* version of the meeting between the Cid and Urraca at Zamora. Lope captures the emotion of the event by having Elvira pour out her sorrows in confidence to her friend saying: "En mis penas / sólo el consuelo sois bos." See the discussion of the ballad "Afuera, afuera, Rodrigo" in R. Menéndez Pidal's collection *Flor nueva de romances viejos* (Madrid, 1928), pp. 10-11.

429. *para tutor*. Elliptical for "para tutor mío." In the *Primera crónica*, the Cid was given the duty of advising all five of Fernando's heirs. See note, ll. 157-158.

433-434. *quel enbajador no debe / pena*. "For the ambassador should not be punished [because he brings bad news]." *Pena* has the sense of "atonement" (see Roque Barcía, *Sinónimos castellanos*, 4th ed. [Buenos Aires, 1944],

p. 361: "La *pena* es el mandato o pensamiento de la expiación.") Cf. "Pero no hay pena cuando no hay culpa.» (*La lealtad en el agravio*, Act III, Acad. VIII, 509b). The principle is, of course, that the Cid exculpates himself of the evil his message bears. Undoubtedly, Lope used one of the romances dealing with Bernardo del Carpio as the source:

> Mensajero eres, amigo,
> Non merecéis culpa, non;
> Mal al rey que acá te envía
> Dígasle tú esta razón.
> (Durán, 654).

Lope repeats the *mensajero* theme in *El casamiento en la muerte*, *Los novios de Hornachuelos*, *Por la puente, Juana*, and *El Conde Fernán González*. Also see *Don Quijote*, IV, 210-211.

437. *no aré*. "I won't [blame you]." Keniston (34.51) compares the use of *hacer* in Spanish as a vicarious verb to that of "to do" in English.

443. *con quién*. Elliptical for "con quién os caséis."

453-463. *y tiene a mal / que os caséis en Portugal, / porque entre moros no es bien...* Menéndez Pidal, in *Historia y epopeya*, *Obras de Menéndez Pidal* (Madrid, 1934), II, 13-21, has shown that marriages between Christian princesses and Moorish princes did occur before the eleventh century. Almanzor, often characterized as lascivious, was placated by being offered two Christian princesses. One was a daughter of Sancho García, king of Navarre, whom Almanzor married and converted to Islam. Another was Teresa, daughter of Vermudo II of León, whom he first received as a slave; later, he emancipated and married her. According to the *Crónica Najerense*, Sancho García of Castile also offered the Moor his sister. The latter instance Menéndez Pidal believes to be legendary, but not inconceivable, because of similar marriages between Christians and Moors in the ninth and tenth centuries.

What Lope has in mind in these lines is the fact that Christians sometimes married Moslems. In *El primer rey de Castilla*, Alfonso V of León marries his sister Teresa to the Moorish king of Toledo. An angel appears and saves the princess by burning the Moor as he attempts to disrobe her on their wedding night, and forces him to release her from the marriage vows. In *El labrador venturoso*, Elvira refuses to marry Zulema, the Moorish prince of Toledo, and takes refuge with peasants. In *Los Tellos de Meneses*, the princess Elvira disguises herself as a country girl to avoid marrying a Moorish king.

At the time of the siege of Zamora, Portugal was ruled by a Mozarab, Sisnand Son of David. This governor had initiated the attack on Coimbra in 1064 and aided Fernando's forces in its capture. He was rewarded by the governorship of the newly conquered region of Central Portugal, which consisted of all the area south of the Duero, bounded on the east by Lamego, Viseu, and Seia, and on the south by the Moslem dominions below the Mondego. All the Moslems had been driven out of the territory between the Duero and the Mondego, and only five thousand were allowed to remain in Coimbra itself. Later, however, more Moslems arrived from the south. See. H. V. Livermore, *A History of Portugal* (Cambridge, 1947), pp. 41-45.

457. *un rey y un reino*. The *MS.* reads "rey y un reino."

457. *fee.* Archaic for *fe.* It counts as only one syllable. See Hill and Harlan, *Cuatro Comedias,* p. 136, note to 1. 746.

487. *lo estoy.* "I am one (i. e., a nun)." *Estoy monja* is in contrast with *soy monja* in ll. 484-485. *Estar* indicates a change of state which here means: "I am as cloistered as a nun." See S. Griswold Morley, "The Modern Uses of 'Ser' and 'Estar'," *PMLA,* XL (1925), no. 2, 456.

496. *quanto a*: en cuanto a. See Keniston 41.32.

500-501. *quanto a ser hijo de Diego | Laínez, el de Bibar.* The Cid's father was descendant of Laín Calvo, a *duumviro,* that is, one of the two governors selected by the Castilians when they rebelled against the kingdom of León in the tenth century. Diego Laínez's father, Laín Núñez, was an important figure in the court of Fernando I, but Diego apparently lived a quiet life outside of the court. The family was not of the first nobility (*ricos-omnes*). The town of Vivar lies in one of the high valleys of the Duero plateau, five miles north of Burgos on the old Castilian-Navarrese border.

In the *Romancero,* Jimena's father, Count Lozano, insults Diego Laínez and the Cid regains his father's honor by killing the count in a duel. This legend, an invention of the fourteenth century, provided the plot of Guillén de Castro's *Las mocedades del Cid,* which was the source of Corneille's famous *Le Cid.*

506. *pasado.* Exceeded. Acad.: "*Pasar,* exceder, aventajar, superar."

507. *de lealtad la ley.* The *MS.* reads "la lealtad y ley."

509. *soy su hechura.* Used in the sense of «to your father I owe everything I am." This use of *hechura* is frequent in the Golden Age theater. The Acad. defines it as "Fig., una persona respecto de otra a quien debe su empleo, dignidad o fortuna."

511. *portillo.* A door usually in a wall, although it may be just and opening. Cf.

> El traidor Bellido D'Olfos
> Deseando libertalla,
> Hace un portillo en el muro,
> Y al real del Rey se pasa.
> (Durán, 780.)

516-517. *en Castilla y Portugal, | en Aragón y Valencia.* Sancho actually saw these places as he asserts. In the spring of 1063, he was in Aragón aiding the Moorish king of Zaragoza, Moctádir Ben Hud, a tribute payer to Fernando, against Ramiro I of Aragón. The latter was Sancho's uncle, but was aiding the king of Navarre in attacking Fernando's vassal. Sancho was present, along with his brothers and sisters, at the battle of Coimbra in January, 1064. In 1065, he campaigned against Moctádir, who had refused to pay his tributes, attacking at the same time the king of Valencia, Abdelmélik, the great-grandson of Almanzor. Mamún of Toledo, although a tribute payer to Fernando, first aided Abdelmélik, but then dethroned him and annexed Valencia to Toledo. Fernando had to abandon the campaign because of ill health, which led to his death the same year. Sancho was probably in Valencia, since his vassal, the Cid, left his signature on a document of the same campaign. See *La España del Cid,* I, 145-152.

524. *pensiles.* Sumptuous gardens. Sancho is probably thinking of the Hanging Gardens of Nebuchadnezzar in Babylon. The word was also pronounced

"pénsiles." For cross references of this word in Lope, see W. L. Fichter, ed., *El castigo del discreto* (New York, 1925), pp. 228-229.
547-548. These lines do not appear in *A B C*.
553. *accidental ynfluencia.* "Casual influence" or "unforeseen and uncontrolable influence." Sancho is referring to the planet Venus and how Elvira equals it in beauty and influence. It is interesting to observe that the *MS*. copyist first wrote "natur" thinking of "natural influencia." "Natural" would imply "stemming from the forces of nature," which include the stars. "Natur" may have been copied from the autograph manuscript; however, "natural" lacks one syllable for the meter length of the line.

Frank G. Halstead, in his article "The Attitude of Lope de Vega toward Astrology and Astronomy," *Hispanic Review*, VII (1939), 205-219, refutes the theory that Lope was credulous or superstitious, as believed by Rennert and Castro and others. According to Halstead, the belief of the time was that the stars could bend the will but not force it. Lope was no exception to this belief. He was well-informed about astrology and filled his works with references to it. Additional documentation is supplied by John Brooks in his edition of Lope's *El mayor posible*, in *University of Arizona Bulletin* (Tucson, 1933), pp. 148-150.
558-579. This discussion on the soul and its relationship to corporeal beauty is one of numerous examples of Lope's familiarity with Neoplatonic Renaissance ideas. Lope did not read Greek and probably possessed no direct knowledge of Plato's doctrines. (See A. K. Jameson, "Lope's Knowledge of Classical Literature," *Bulletin Hispanique*, XXXVIII [1936], 488). Nevertheless, he exploited the esteem that his age held for Plato's ideas on love and beauty. Cf.

> PRÍNCIPE. Lope me enseñaba a mí
> cierta opinión de Platón...
> LEONOR. ¿Y qué es, señor, la opinión?
> PRÍNCIPE. ¡Qué! ¿No lo sabéis?
> LEONOR. No y sí.
> Bien sé que se puede amar
> el alma; pero no sé
> que el cuerpo en sosiego esté.
>
> (*El príncipe perfecto, segunda parte*, Act III, Acad. X, 520a.)

Regarding Lope's debt to Plato, Rudolph Schevill (*The Dramatic Art of Lope de Vega* [Berkeley, 1918], p. 68 aptly remarks: "Of the Greeks direct reference to Plato seems to me to be the most common, and this must be due chiefly to the existence of neoplatonic literature, to its interpreters, commentators, and imitators who gave voice to its philosophy. Of the latter, León Hebreo is mentioned most frequently by Lope, and his works occupy a prominent place in any consideration of this influence. They contributed to Lope's *comedia* a peculiar metaphysical language evident in discussions of love, beauty, desire and the like."

León Hebreo in his *Dialoghi d'Amore* (1502), whose influence in the Spanish Renaissance cannot be over-emphasized, reconciles Platonic and Aristotelian concepts, the former predominating. (See Menéndez Pelayo, *Historia de las ideas estéticas en España* [Buenos Aires, 1943], II, 7-76; *La Dorotea*, ed. Edwin Morby [Berkeley, 1958], p. 160). Lope's acquaintance with the works of other Neoplatonic writers, such as Marsilio Ficino, Pietro Bembo, and Baldesar Castiglione, is apparent in many of his works (in particular, *La Dorotea*, p. 238, note 92; p. 224, note 49; pp. 321-322, note 108). For the development and diffusion of Neoplatonic thought in Spain, see Ludwig Pfandl, *Historia de la literatura nacional española en la edad de oro*, trans. Dr. Jorge Rubió Balaguer, 2nd. ed. (Barcelona, 1952), pp. 32-42. Further references are to be found in Otis H. Green, *Spain and the Western Tradition*, 4 vols. (Madison, 1963-66), especially I, 226-240.

The point at issue between our interlocutors is whether or not the inner beauty of the soul produces external, material beauty. Marcilio Ficino, the first real Neoplatonist in the Renaissance, stressed man's spiritual identification with absolute beauty and goodness (God) and the withdrawal from material form. Girolamo Beniviene, influenced by Plotinus, saw a connection between inward perfection and outward beauty. León Hebreo culminates this line of thinking by asserting that in the spirit love, being, goodness, and beauty more truly exist than in the material world, and that the spirit confers these qualities on matter because it seeks perfection. Indeed, all the Neoplatonists were concerned with beauty and its role in the universal harmony of creation. A beautiful woman should have a beautiful soul because the spirit would be seeking its own perfection and manifestation in the material world. See Nesca A. Robb, *Neoplatonism of the Italian Renaissance* (London, 1935), pp. 57-211.

In ll. 572-579, Platonic thought is combined with Aristotelian principles. The soul is the instrumental cause which gives form to the material cause, the body, making women either ugly or beautiful, wise or foolish. León Hebreo, also combining Plato and Aristotle, reasoned that the soul dominated the body since the form dominates and ennobles matter. Aristotelian causes appear elsewhere. Cf.

Sempronio: "En que ella es inperfecta, por el qual defeto desea è apetece á ti é á otro menor que tú. ¿No as leydo el filósofo, do dize: assí como la materia apetece á la forma, así la muger al varón? *La Celestina*, ed. Julio Cejador y Frauca, I, 56-57.

>   Mas hay mujeres también
>   porque el filósofo dice
>   que apetecen a los hombres
>   como la forma desea
>   la materia: y que esto sea
>   así, no hay de que te asombres.
>   (*Fuenteovejuna*, Act III, Acad X, 544a.)
>
>   De la suerte que el alma al cuerpo informa,
>   es como la primera inteligencia,
>   materia la mujer, el hombre forma.
>   (*Los Tellos de Meneses*, Act I, Acad. VII, 300a.)

Also see W. L. Fichter, ed., *El sembrar en buena tierra*, note to ll. 1460-61. It is also a topic of discussion in the third book of *Il cortegiano*. Ll. 568-570 reflect the following passage from *Il libro del cartegiano*, spoken by the personage Bembo:

> Onde rare volte mala anima abita del corpo, e perciò la bellezza estrinseca è vero segno della bontà intrinseca, e nei corpi è impressa quella grazia più e meno quasi per un carattere dell' anima, per lo quale essa estrinsemente è conosciuta, come negli alberti, ne'quali

la bellezza de'fiori fa testimonio della bontá dei frutti. (Baldesar Castiglione, *Il libro del cortegiano*, ed. Vittorio Cian, 4th ed. [Firenze, 1947], p. 480).

The argument of Ansures that precious vessels are used for more valuable liquids than are earthen ones is found elsewhere in Lope:

> Como el que en vasos gentiles
> pone diversos licores,
> en los de oro los mejores,
> y en los de barro los viles,
> así el cielo almas infunde,
> y en su valor las conforma,
> porque más gloria a la forma
> de la materia redunde.
>
> (*El testimonio vengado*, Act II, Acad. VII, 611a.)

> Amor: si en esta mujer
> no está oculta la nobleza,
> la calidad y la sangre
> que por lo exterior se muestra,
> ¿qué es lo que quiso, sin causa,
> hacer la Naturaleza,
> pues pudiendo en un cristal
> guarnecido de oro y piedras,
> puso en un vaso de barro
> alma tan ilustre y bella?
>
> (*La moza de cántaro*, Act III, N. Acad. XIII, 674.)

> Y no me espanto que dé
> Vuestro ser muestra tan clara,
> Siendo un cristal vuestra cara,
> por donde el alma se os ve.
>
> (*El valeroso catalán*, Act II, Acad. VIII, 426a.)

581. *digo*. The *MS*. reads "di."
581-587. Cf.

> Lo que está determinado
> del cielo, y en azul tabla
> Dios con el dedo escribió,
> de quien son cifras y estampas
> tantos papeles azules
> que adornan letras doradas,
> nunca engaña, nunca mientes ...
>
> (Calderón, *La vida es sueño*, ed. G. T. Northup in *Three Plays by Calderón* [Boston, 1926], p. 229, ll. 3158-64.

588-589. *Si a Andrómeda y a Ariana / pintan de barias estrellas*. In mythology, Andromeda was the daughter of Cepheus, king of the Ethiopians, and his wife, Cassiopeia. Her beauty caused the envy of Nereids, who asked Poseidon to send his wrath upon her. As she was about to be devoured by a sea monster, she was saved by Perseus, who fell madly in love with her. After her death, Athena placed her among the constellations in the northern sky, near Perseus and Cassiopeia.

Ariadne was the daughter of Minos and Pasiphae. She aided Theseus in finding his way out of the labyrinth by giving him a ball of thread. After killing the Minotaur, Theseus fled, taking Ariadne with him; later he abandoned her on the island of Naxos. Dionysus had compassion on her, and when she died he took a crown he had given her and placed it among the stars. See the *Oxford Classical Dictionary* (Oxford, 1949), pp. 53 and 88; Edith Hamilton, *Mythology* (Boston, 1942), p. 56.

594ff. Lope has probably adopted a common formula of the *Romancero*, namely, the enumeration of significant objects, in this case "carroça de plata, de blanco marfil las ruedas," "estribos y asientos de oro," "cubierta de tela," "rico estrado," "sedas," "diamantes," etc., to designate a kingly state. Also the denunciatory formula, 641ff.

620. *juegos de cañas y toros*. "En España es muy usado el jugar las cañas, que es un género de pelea de hombres a caballo. Este llaman juego troyano, y se entiende averle traýdo a Italia Julio Ascanio. Descríbele Virgilio, lib. 5 *Aeneidos*, tan por extenso que no quita punto del juego de cañas nuestro. Primero desembaraçan la plaça de gente, haze la entrada con sus quadrillas distintas, acometen, dan vueltas, salen a ellos los contrarios. (Covarrubias) In this match, the combatants, dressed in full armor, tilt with blunted reed spears. Both events, *cañas* and bullfights, occur elsewhere in Lope.

625. *pigüelas*. Thongs used to bind the falcon's feet, known as *jesses* in English.

628. *juro de eredad*. The right of perpetual ownership.

642-43. *¡No tenga jamás bentura, / pues no la tendrá por fea!* A reference to the proverb "la ventura de las feas, la dicha (hay opinión que son dichosas en maridos)." See Gonzalo Correas, *Vocabulario de refranes y frases proverbiales* (Madrid, 1924), p. 502. This is a recurrent subject, exemplified by the following passage from Lope's *El marqués de las navas*, ed. José F. Montesinos (Madrid, 1925), Act I, p. 17:

> Por tus palabras crueles
> conozco que eres hermosa,
> que las feas no deffienden
> con tanto rigor sus caras,
> y esta es la causa que siempre
> casan las hermosas tarde,
> juzgando que mas merecen.

Also see *Peribáñez*, ed. cit., note to l. 84; *La dama boba*, ed. Rudolph Schevill (Berkeley, 1918), note to l. 1608.

654. *poned al coral la mira*. This obscure line seems to mean "aim at the coral-colored object," (see ll. 546-547: "red and white and shining like a star.") Covarrubias attests the use of *coral* for ornaments and its use as an adjective referring to the color. Corominas, *Diccionario crítico etimológico de la lengua castellana*, 4 vols. (Madrid, 1954), in his entry on *corral*, gives *plaça* as one of the meanings. We have already observed the *MS.* copyist's habitual error of writing medial *rr* as *r* (see note, l. 51); however, there are no variants in the printed editions. The reading "aim at the *corral* (where Elvira is standing) is possible, especially in the light of ll. 664-666, where the Cid says: "... decid / que [Elvira] se quitó de la cerca, / que ya beis como se ba,"

and the stage direction (l. 666), "Vase del muro doña Eluira," which suggests that *cerca* is the equivalent of *corral*. *Coral* for coral-colored lips was a commonplace figure in the theater.

656. The stage direction, *Vase el rey*, is missing in the MS.
663. *de un rebés*. See note, l. 826.
665. *se quitó*. Subject: Elvira.
666. The stage direction. *Vase del muro doña Eluira*, is missing in the MS.
668. *ynfançones*. Lope does not use this word with its original meaning. An *infanzón* was a member of the second-class nobility, between the *ricosomnes* and the *fijos dalgo*. Every knight was an *hidalgo* but not an *infanzón*. See R. Menéndez Pidal, ed. *Cantar del mío Cid* (Madrid, 1945), II, 718-719. Lope seems more familiar with the term as defined by Covarrubias: "Infançón, término antiguo y vocablo que aora no se usa; vale tanto como caballero noble, hijosdalgo, señor de vasallos; pero no de tanta autoridad como el titulado o señor de título."
672. *Montes que el Duero baña*. Monte usually is applied to a wooded area, although it often means a hill. The Duero flows near Toro, which is about seventeen miles from Zamora.
676. *Pelayo*. According to historical tradition, the Reconquest of Christian Spain from Moslem domination began as Covadonga, in Asturias, in 718. Its leader, Pelayo, became the symbol of the Christian spirit opposed to the Moslem. There are many legends and uncertainties which shroud the nature and dimensions of the battle and the person of Pelayo. The Spanish historian, Ballesteros, remarks in his *Historia de España* (II, 180): "El multiplicarse en siglos posteriores las muestras de veneración a Covadonga prueba que, mientras un documento no contradiga esta creencia, la persistente mirada tradicional a un lugar determinado del macizo montañoso a que ahora aludimos y no a otro, indica que en sus alrededores tuvo lugar algún incidente memorable de la lucha que los descendientes de los testigos presenciales han querido perpetuar." Pelayo is a character in Lope's *El último godo*. Cf. l. 1864.
682. *Betis*. The Guadalquivir River.
683. In the MS., "despojos" is deleted between "fértiles" and "trofeos."
684. *los campos célebres ybleos*. Hibla was a mountain and a city in Sicily. The region was famous for its honey. The comparison of regions of Spain with those of antiquity was a common practice of Lope. Cf.

> Passa orillas de la mar,
> en estos jardines bellos,
> que el arte se acaba en ellos,
> y que los puede embidiar
> el hermoso campo Hibleo
> y el muro de Babilonia ...
>
> (*El mayor imposible*, ed. John Brooks, p. 39, ll. 1-6.)

687. *las jambas cubre de despojos moros*. Vela alludes to the custom of adorning the entrance of a house with relics from the past. *Jambas* are the door supports. The custom is referred to elsewhere in Lope:

> De donde los tuvo ocultos
> don Pelayo en Covadonga,
> tantos fidalgos descienden,
> que están las montañas solas;

> pero de los que han quedado,
> cuyos solares adornan
> paveses de antiguas casas,
> familias de gente goda ...
>
> (*Los Tellos de Meneses*, Act II, Acad. VII, 304b.)
>
> Pero que aun tiene paveses
> en las ya borradas armas
> de su portal, y con ellas,
> de aquel tiempo algunas lanzas.
>
> (*El mejor alcalde, el Rey*, Act I, Acad. VIII 302a)

689. *que quiebra yelos.* "Who breaks [the] crystals [of its current]." I. c., "whose waves break into snow-white caps." Cf. ll. 673-674; note to ll. 2329-2331; and Lope's *Los Tellos de Meneses*, Act II, Acad. VII, 308a:

> Yo salgo con la aurora
> por estos verdes prados,
> aun antes de pisados
> del blanco pie de Flora,
> quebrando algunos hielos
> tal vez de los cuajados arroyuelos.

691-693. *haciendo que los poros / de la hermosa ribera / broten las altas cañas.* Brotar is normally intransitive; the Acad. lists its transitive use as: "echar la tierra plantas, hierba, etc." It is also possible that the *de* of l. 692 is implied after *brotar*: "haciendo que [de] los poros, etc."

698-708. Gloss: "I happily live retired from the ambition [of the court], for with the new empire of Sancho, that robust son of the famous king who freed Castile from captivity (valor, piety, and reverence [*misterio*: objeto de fe] of heaven and Fernando [be offered in his name]) here [courtly] pretensions do not cause me to pass my life serving and waiting ..." *Cautiverio* (l. 703) seems to be a vague reference to Fernando as the first king of Castile and the one who raised it over the power of León and the Moorish kingdoms. See *La España del Cid*, I, 110-112; See also note, ll. 11-12, and note, l. 2853. One of Lope's more frequent themes is the praise of the simplicity and virtue of country life over the artificially of court life. See Kathleen Gouldson, "The Spanish Peasant in the Drama of Lope de Vega," *Bulletin of Hispanic Studies*, XIX, 5-25.

704. In the *MS.*, "imperio" is crossed out and "misterio" written in.

715. *jeneroso*. Noble. Covarrubias: «*Generoso*, el hombre ilustre, nacido de padres muy nobles, y de clara estirpe, conocida por el árbol de su descendencia. Generoso a vezes significa el que considerada su persona sola, tiene valer y virtud, y condición noble, liberal y dadivosa."

717-719. *y lo demás / cargo*: "Y [en cuanto a] lo demás que toca / a su remedio, tenga / el alto cielo [a su] cargo."

720-721. *pues ya el discurso largo / de mi uida.* Discurso here designates the course of time. Acad.: "Discurso, espacio, duración de tiempo. El discurso de los años." Cf. "... y así, es todo milagro y misterio el discurso de mi vida, como lo habréis notado." (*Don Quijote*, II, 403, 16-17).

724-727. For a discussion of the *seguidilla*, see Pedro Henríquez Ureña, *La versificación irregular en la poesía castellana* (Madrid, 1920), pp. 139-141, 191-204; and Dorothy Clotelle Clark, *A Chronological Sketch of Castilian Versi-*

fication together with a List of its Metric Terms in University of California Press (Berkeley, 1952), XXXIV, No. 3, 361-362. Cf. Lope's El Conde Fernán González, Act I (Acad. VII, 430-431):

> Por aquí daréis la vuelta,
> el caballero,
> por aquí daréis la vuelta;
> si no, me muero.
> Aunque os pese, volveréis,
> porque libre y preso vais,
> pues en mis redes estáis.
> Cuando más volar penséis,
> volveréis y moriréis
> del mal que muero.
> Por aquí daréis la vuelta,
> el caballero,
> por aquí daréis la vuelta;
> si no, me muero.

728-729. *Satisfecha estaba, a fee, / esa dama de su cara. Esa dama* seems to refer to the subject of the preceding *seguidilla*. Gloss: "That lady was content, by heavens, [to see] his face (i. e., of her beloved who finally arrived)." The romantic implication of the song seems to foreshadow the appearance of Enrique, with whom Sancha later falls in love.

730. *Señor.* In popular speech, the definite article is sometimes omitted with *señor*, especially when a servant speaks of his master. See Keniston 18.413.

737. *No hará.* "It won't." See note, l. 437.

746. *amor*: el amor. Abstract nouns such as *amor, fortuna*, etc., when used in poetry in a personified sense, occasionally appear without the article. See Bello-Cuervo, *Gramática*, art. 872, and Keniston 18.245.

748-749. *¿Los negros, señor, no son / jente bárbara y boçal?* "Are not the Negros, master, barbarous and ignorant people?" *Bozal*, as documented by Corominas, means: "negro, recién sacado de su país" (noun). Covarrubias defines *boçal* as "el negro que no sabe otra lengua que la suya, y la lengua, o lenguaje, se llama labio, y los labios bezos; de boca, boza, y de allí bozal." As an adjective, *bozal* means "inexperto, ignorante, bobalicón" (Martín Alonso, *Enciclopedia del idioma*). "Ignorante" and "inarticulado" (from the Spaniard's point of view; cf. "bozal, persona que no sabe otra lengua que la suya") are in proper context with *bárbara*, which in Lope's day still retained its original meaning of an unintelligible speaker or speaker of a foreign tongue: "*bárbaro*, s. XVI al XVIII. Que usa un idioma extranjero o ininteligible" (fifth acceptation in Martín Alonso, *Enciclopedia del idioma*). Cf.

> Al pie de un alamo negro,
> I mas que negro bozal,
> pues ha tanto que no sabe
> sino gemir o callar.
>
> (Góngora, *Obras*, II, 218.)

752-754. *los elefantes / y fieros rinocerontes / aman en los yndios montes.* In the Golden Age, *indio* referred to both America and India. By Lope's time, no well-informed Spaniard believed that there were elephants or rhinoceroses in America. Pliny, whose *Natural History* was a source of animal lore for Lope, discusses the elephants and rhinoceroses of India (Book VIII). However, because of the remoteness of America, India, Africa, and the Orient, Lope often associated one continent with another. See Marcos A. Morínigo, *América en el teatro de Lope de Vega* (Buenos Aires, 1946), pp. 83-84. The definite locality of the wild beasts in this context is not so important as the effect produced by the word *indio*, which often meant "wild." "En este perfil del alma americana, la línea más destacada, la que aparecerá de inmediato para configurarla en la imaginación del poeta y de su público a la simple mención de la palabra *indio* es la de la inhumanidad y barbarie, la de la fiereza y salvajismo, palabras que metafóricamente sirven para reprochar enfáticamente la insensibilidad." (Morínigo, p. 123.) Cf. "¿Tiene mayor salvaje el indio suelo?" (*El mejor alcalde, el Rey*, Act I, Acad VIII, 299.)

761. *matrimoño*. Popular form. See Corominas. Also see note, *Don Quijote*, III, 328, 1.
764. The *MS*. neglects to assign ll. 764-783 to Suero, as in *A B C*.
767. *bretones*. Brussel sprouts.
772. *conserban al sol el frío*. I. e., "conservan [puestos] al sol el frío."
773-775. *a pesar del perro ardiente, / que en el cielo alguna jente / dice que rabia el estío*. This is a reference to Sirius, the largest star in Canis Major and the most brilliant in the visible universe. In antiquity, the rise of this star at the end of August marked the heat of summer and the coming increase of the Nile River, a period known as "dog days," because of the name of the constellation.

> Nam coniculae exortu accendi solis vapores qui ignorat, cuius sideris effectus amplissimi in terra sentiuntur? fervent maria exoriente eo, fluctuant in cellis vina, moventur stagna. orygem appellat Aegyptus feram quam in exortu eius contra stare et contueri tradit ac velut adorare cum steruerit. canes quidem toto eo spatio maxime in rabien agi no est dubiem. (Pliny, *Natural History*, ed. T. E. Page et al [London, 1935], II, 40.)

776. *dilixencia*. "Care or precaution," that is, burying the jug to keep it cool.
782. *clo, clo, clo*. The *MS*. reads "clo, clo."
785. *pegujar*. A patch or small holding. Cf. "Id a gobernar vuestra casa y a labrar vuestros pegujares y dejaos de pretender ínsulas ni ínsulos." (*Don Quijote*, IV, 68, 2-3.)
787. *caña*. This refers to "caña de trigo" and not to sugar cane. See l. 693.
788. *muesama*. Popular contraction of the possessive adjective, along with *nueso-a* (as in *A B C*), with *ama*. See Menéndez Pidal, *Gramática*, 97, 1, and Hill and Harlan, *Cuatro Comedias*, note to l. 1422 of *Peribáñez*, p. 148.
790. *oponer*. To stack.
791. *juntos los haces del lino*. "Together the bundless of flax." The printed editions confuse the *haz* (m.), "porción atada de mieses, lino, leña o cosas semejantes," with *haz* (f.), "cara o rostro." See Acad.
792. *dar sobre ellos*. "Get at them." *Dar sobre*, as a synonym of *acometer*, here means *emprender*. The flax stalk is uprooted and stacked immediately. When the stalks are dry, they are taken to a shed where they are re-stacked until the seeds are removed.
795. *os dio la ocasión cabellos*. "It gave you the opportunity." Covarrubias: "Ocasión, una de las deidades que fingieron los gentiles. Pintávanla de muchas maneras, y particularmente en figura de donzella con solo un velos, con alas en los talones y las puntas de los pies sobre una rueda volúbil, con un copete

de cabellos que le caían encima del rostro y todo lo demás de la cabeça sin ningún cabello; dando a entender que si, ofrecida la ocasión, no le echamos mano de los cabellos con buena diligencia, se nos passa en un momento, sino que más se nos buelva a ofrecer. Esta invención fue de Phydias, grande estatuario." Cf.

> No seas
> tan triste, que cuando veas
> el cabello a la ocasión,
> pierdas el gusto esperando.
>
> (*Peribáñez*, ed. Hill and Harlan, ll. 2527-2530.)
>
> Coge tan alta ocasión
> el cabello de la frente.
>
> (*El premio de la hermosura*, Act III, Acad. XIII, 472.)

Also cf. "a la ocasión la pintan calva," in José María Iribarren, *El porqué de los dichos* (Madrid, 1955), pp. 219-220; *Don Quijote*, VI, 7, 7n.

802. *Santiago*. Santiago de Compostela. In the ninth and tenth centuries the belief that the apostle St. James was miraculously entombed on the shores of Galicia became increasingly popular. It is said that St. James preached in Spain during his lifetime. Santiago de Compostela was one of the three principal shrines of the Middle Ages (with Rome and Jerusalem). The spiritual, economic, and cultural effects of the pilgrims who traveled there from other countries were extensive and considerably influenced the progress of the Reconquest.

826. *aya tajos y rebeses*. From Rodríguez Marín's explanation of the term *fendiente* (*Don Quijote*, I, 273-274, 6n) we draw the following: "El *fendiente* (de *fender*), uno de los tres lances de la esgrima, era el golpe dado de arriba abajo, verticalmente, con el filo de la espada u otra arma larga y cortante. No equivale a *tajo*, contra lo que equivocadamente ha dicho Cortejón, por no haber visto despacio la nota de Clemencín, pues con ella sola bastaba para saber que el *tajo* se da de derecha a izquierda, y el *revés* de izquierda a derecha". See *Don Quijote*, I, 230, 6. Cf. "Mas no por esto dejaba de menudear don Quijote cuchilladas, mandobles, tajos y reveses como llovidos." (*Don Quijote*, V, 251, 15-16.)

832. *No se remite a partido*. "[Elvira] does not adhere to [your] terms." *Remitirse* is given by the Acad. as "atenerse a lo dicho o a lo que ha de decirse por uno mismo o por otra persona de palabra o por escrito." For *partido* meaning "trato, convenio, o concierto," see Acad. Cf. 1. 309.

840-843. *porque Elbira, / desde niña, se a criado / donde seguía el estado, / que agora tanto le admira*. Medieval courts in Spain had no fixed location. Archaic meanings for *estado* are to be found in Acad. as "séquito, corte, acompañamiento."

851. *partes*: cualidades. The Acad. recognizes this meaning as "f. pl. Prendas y dotes naturales que adornan a una persona."

856. *que*. For *para que*. See Ramsey and Spaulding 23.21 and Keniston 42.71 and 29.464.

873. *quatro soldados*. *Cuatro* was often used to designate un undetermined number. See *Don Quijote*, II, 255, 2n.

NOTES TO THE TEXT
191

882. *siente*: piensa. See note to the *Dedicatoria*, page 171, ll. 10-11.
886. Stage direction. *en lo alto.* "Above," i. e., on the battlement of the castle. This does not categorically mean that Elvira appears on an elevated part of the stage. As Rennert points out in "The Staging of Lope de Vega's *Comedias*," in *Revue Hispanique*, XV (1906), 453-485, stage machinery in the seventeenth century was crude. Walls, balconies, towers, and windows were usually represented by a hanging curtain. In this case, the gallery at the upper part of the back of the stage could be employed with the curtain. The same procedure would seems to apply for the stage direction for ll. 930 and 1010, where ladders are used. Also, cf. the stage direction for l. 937.
890. *engaste*. Ansures informs us that Elvira is wearing a helmet, which is compared to a setting for her jewel-like face.
895. *morrión*. The upper part of the helmet. For feathers adorning the helmet, see note, l. 368.
898. *el pecho cubris de acero.* Ansures makes a pun on *pecho* and *acero*, since Elvira also fills her heart with war-like intentions by wearing a cuirass.
908. *soy yo.* The *MS.* reads "soyo."
926. In the *MS.*, "prendemos" is deleted before "quitamos."
939. *metal sonoro.* Figuratively, the trumpet which spurred the horses in battle. Cf.

> Quanto el acero fatal
> Glorioso hizo tu fin
> Questa a la fama un clarin
> Del mas sonoro metal.
> (Góngora, *Obras*, II, 353-354.)

942. *fuerças*. In the *MS.*, this word reads "fueças."
968-969. *el jigante / que tubo el cielo en el hombro.* I. e., Atlas.
971. *mostro.* A rare variant of *monstruo.* Corominas finds cases of its existence in Lope, Cervantes, and Vélez de Guevara. It again appears in l. 974. Cf. *El caballero de Illescas*, Act I, N. Acad. IV, 146.
981. *Los tesoros te perdono.* Used with the meaning "you may keep the treasures." This use of *perdonar* is given by the Acad. as "renunciar a un derecho, goce, o disfrute."
982-983. *ya sé que me darás / un escuro calaboço.* Elvira could be thinking of her brother, García, whom Sancho held in a dark dungeon until he was freed by the pleading of Urraca.
994-995. *Europa debes de ser, / mira que te engaña el toro.* Zeus turned himself into a bull and enticed the beautiful Europa to climb on his back. Once there, he carried her off to Crete.
997. *Esto respondo.* Some stage direction seems to be missing here, for Elvira must be doing something to show her determination to defend Toro. It seems logical that she simply turns around and walks away.
1000-1005. The Sirens were creatures endowed with enchanting song which lured passing sailors to their death by attracting them to their island, where they crashed against the reefs. In Homer's *Odyssey*, Ulysses follows Circe's advice and has his men fill their ears with wax in order not to hear the enchanting song of the Sirens. He himself, however, listens, having given his men orders to tie him to the mast and not to obey him until the danger has passed. The Cid compares Sancho to Ulysses, except now it is the Siren who is being wooed, but she refuses to listen.

1009. The *MS.* has "y a Toro" crossed out before "en despojos." Note that the deletion is the *A B C* reading.

1010. stage direction: *alcanciaços*. According to the Acad. an *alcancía* is a grenade filled with combustible material, employed in the defense of battlements. Catapult artillery was an integral unit of siege in the eleventh century. Combustibles consisted mainly of Greek fire, which, as early as the fifteenth century, was sometimes replaced by gunpowder. See O. L. Spaulding, H. Nickerson, J. W. Wright, *Warfare, a Study of Military Methods from the Earliest Times* (New York, 1925), pp. 314-315. Apparently the medieval concept of such a missile had changed little by the seventeenth century. Covarrubias remarks: "Entre las demás armas ofensivas se han usado las alcancías con fuego de alquitrán lançadas sobre los enemigos y también estas mismas llenas de vívoras, que cayendo en medio de los enemigos y quebradas, han sido ofendidos con las mordeduras venenosas." Cf. "¡Vengan alcancías; pez y recina en calderas de aceite ardiendo!" (*Don Quijote*, VII, 192, 13.) *Alcanciazos* are used in the assault of Zaragoza in the second act of Lope's *La campana de Aragón*.

1016-17. *Déle el dios Marte su encina / y Alcides sus ojas de olmo*. In his praise of Elvira's prowess, Ansures compares her with Mars, the Roman god of war, and Alcides (Hercules), the epitome of strength. The oak was especially sacred to Mars; the white poplar was consecrated to Hercules. Although *olmo* is not considered a poplar (*álamo*) today, Covarrubias defines it as "olmo, especie de álamo." For the mythological references, see George Howe and G. A. Harrer, *A Handbook of Classical Mythology* (New York, 1939), p. 159; and Oskar Seyffert, *Dictionary of Classical Antiquities*, revised and edited by Henry Nettleship and J. E. Sandys (New York, 1956), p. 284.

1027. *troncos*. Mutilated. Corominas asserts that this rare adjectival use of *tronco* ('truncado') is taken from Italian or imitated from Latin.

1028-29. Elvira refers to ll. 532-533.

Alabado sea... For the significance of this sacred invocation, see the discussion on the date of composition in the Introduction. [*Rubric*] This rubric probably belongs to the copyist. It does not resemble any of the known rubrics of Lope.

SECOND ACT

Acto segundo. The *MS.* reads "Accto segundo."
1038. *curó.* In the *MS.*, it appears that "cuido" was first written, and then "curo" heavily written over it.
1056. *cendal.* A gauze-like cloth of silk or linen.
1057. *pespunte y randa.* Backstitch and lace trimming.
1080-81. Between these two lines the words "de tu injenio y tu" are crossed out, in the *MS.*
1083-85. *adereça el carro, y ponte / para traerle del monte / de secas encinas lleno.* "Prepare the wagon and ready yourself to bring it from the woods full of dry oaks." *Poner* is used here in the sense of *disponer,* which is its second acceptation in the Acad. Editions *A B C* use *sabinas* instead of *encinas. Sabinas* are savins, which Webster describes as "a Eurasian evergreen, mostly prostrate, juniper (*Juniperus sabina*) with dark foliage and small berries having a glaucous bloom. Its bitter, acrid tops are sometimes used in medicine for gout, amenorrhea, as an abortifacient." Covarrubias recognizes *sabina* as "mata conocida y árbol muy familiar en esta tierra de Cuenca, de muy suave olor, y su materia casi incorruptible." Both *encinas* and *sabinas* fit the context.
1086. *migas.* Fried crumbs. The Acad. gives this meaning as "pl. Pan desmenuzado, humedecido con agua, y frito en aceite o grasa."
1088-89. Render: "Prebén las camellas de frontil de pieles y coyundas." "Prepare the bow of the yoke (*camellas*) with a yoke pad (*frontil de pieles*) and a strap (*coyundas*)." The *MS.* provides a better reading because it is more specific.
1091. *cóssete la boca, Suero.* Cf. Cósete la boca, y deja de hablar, y hable quien le toca." (Quevedo, *Los sueños,* ed. Julio Cejador y Frauca [Madrid, 1931], II, 82.) *Pármeno*: "Sempronio, cóseme esta boca, que no lo puedo sofrir." (*La Celestina, ed. cit.,* I, 205.) Also, Cf. *Don Quijote,* II, 245, 5.
1092-95. Gloss: "Porque tratamos de un extranjero, [y] ya que llevamos en esta casa mayor tiempo (*mayoría*), te pregunté quién era." Suero is using the "editorial we."
1097-99. Enrique seems to be referring to the custom of branding slaves on the face with an "s." Gloss: "Desde hoy llamadme vuestro esclavo." This interpretation is confirmed in ll. 1160-61: El ques tu esclavo, tendrá / por honra qualquier oficio."
1102-03. *salud / ... mayor.* No specific use of *mayor* with *salud* is listed in any of the dictionaries consulted. Cf. *El sembrar en buena tierra, ed. cit.,* ll. 193-196:

No ofendiendo la virtud,
de tantas mujeres buenas,
de que están mil casas llenas,
que no es la menor salud.

1112. *gabán.* Sancha is suggesting that her father should be accoutred for war, not dressed for peace, in a greatcoat.

1121. *adonde.* "In which." See Keniston 16.221.

1130-31. *ten por cierto que el ynbierno / don Sancho el cerco lebante.* The *Primera crónica* relates that after Sancho took Toro, he went to Burgos and then spent the winter with his army in Sant Fagund. We know that this is not true. According to Menéndez Pidal (*La España del Cid*, I, 180-184), Sancho hastened to Zamora in early autumn to quell an uprising and was murdered on October 7, 1072.

1148-49. In the *MS.*, these lines are erroneously attributed to don Vela.

1149. *la tengo mucho amor.* See note, 1. 97.

1163. *pan.* This metoynm for "wheat" is frequently used in Spanish.

1175. *la tela y pardo sayal. Tela* here means "fine cloth," and in this sense it often was used to designate cloth of gold or silver. It stands in contrast to *sayal* (sackcloth). See Hill and Harlan, ed. *Peribáñez*, note to 1. 809; and José F. Montesinos, ed., *Barlaán y Josafat* in *Teatro antiguo español*, VIII (Madrid, 1935), note to 1. 2752.

1187. In the *MS.*, "cierto" is crossed out and "un" written above it.

1189-93. Gloss: "I feel the beginnings of love; let [me] therefore forego vexation, for although love may be excused, may my soul not place the blame on the favored one."

1194-97. Gloss: "For although I claimed as my excuse his facility in winning my love with his trasparently false story...," or, more freely, "for although I claimed as my excuse the wonderful attractiveness of the man, which made it easy for him to win my love with his transparently false story..."

1196. *al rendir.* We accept the emendation of *C*. The *MS*. and *A B* read "el rendir."

1202-03. *la desbelaré / del cuidado del bestido.* "I will divert her attention from my dress." Martín Alonso, *Enciclopedia del idioma*: "*Desvelar,* distraer, hacer perder el cuidado o vigilancia."

1223. *junto*: juntamente, a un mismo tiempo.

1239. *ni acer al Papa ymportuno.* "Nor make the Pope your enemy or opponent." Martín Alonso, *Enciclopedia del idioma*: "XVI al XVII, *Importuno,* contrario, enemigo." Vellido knows that Sancho would have ecclesiastical opposition should he ever attempt the fantastic idea of marrying his sister.

1243. *de tu yngenio me espanto.* "I am astonished at your [fantastic] idea." Covarrubias considered *maravillarse* a variant of *espantarse*. Gillet (ed., *Obras de Torres Naharro* [Bryn Mawr, 1951], III, 678, n389) notes that the common acceptation of *espantarse* in the sixteenth and seventeenth centuries was "mild fear, amazement, awe or surprise," rather than the modern "fright or terror." Cf. "Espantáronse todos los de la venta de la hermosura de Dorotea, y aun del buen talle del zagal Cardenio." (*Don Quijote*, III, 9, 9-10.) *Ynjenio* has the sense of "maña y artificio de uno para conseguir lo que desea." (Acad.)

1246-55. *Ya se canta por aý...* Vellido recalls the ballad "Por las almenas de Toro."

1250. *de Toro.* These words are missing in the *MS*.

1259. *tu amor*: mi amor por ti. Keniston (19.28) explains that possessive adjectives were often used with objective force, that is, they indicated the person who was the object of the action expressed by the noun they modified.
1261. *arbitrios*. The *MS*. reads: "adbitrios."
1262-63. *Mucho ofenden los estados / de arbitrios con sinrraçones. Mucho ofenden* is equivalent to *mucho se ofenden*. See Keniston 27.36, and cf. note, ll. 1664-66. F. Rodríguez Marín notes (*Don Quijote*, IV, 43-44) that the Spanish court in the sixteenth and seventeenth centuries was plagued by innumerable suggested solutions to national problems, known as *arbitrios* which were often ridiculous, sent by *arbitristas*. Américo Castro (ed. *El Buscón* [París, 1917], p. 108) explains Quevedo's words "loco república y de gobierno" as "*loco república y de gobierno*, es decir, *arbitrista;* estos proponían soluciones (arbitrios) absurdos para los males del país." Further references to *arbitristas* are to be found in Luis Vélez de Guevara, *El diablo cojuelo*, ed. Rodríguez Marín (Madrid, 1918), pp. 75-76; William Wilson, "Contemporary Manners in the Plays of Lope de Vega," *BSS*, XVII (1940), 101; Edwin Morby, ed., *La Dorotea*, II, 66.

King don Pedro gives audience to an *arbitrista* in *El Rey don Pedro en Madrid* (Act II, Acad. IX, 491.)

> Rey: ¿Quién sois vos?
> Arb: Traigo, señor,
>   un arbitrio...
> Rey: ¿Es este?
> Arb: Sí,
> señor.
> Rey: Consúltolo ansí. (*Rómpelo.*)
> Arb: De los reinos en favor
> es todo.
> Rey: El rey descargallos,
> y no arbirallos, desea;
> que no hay arbitrio que sea
> en favor de los vasallos.

In the *MS.*, these two lines read: "Mucho ofende en los estados / adbitrios con sinrraçones."
1279. *si ay en la ocasión cabellos*. See note, l. 795.
1282. *yo te daré la puerta*. "I will show you where the door is." Pagés: "*Dar*, proponer, indicar."
1294. *secreto*. "Secretly." Adjectives frequently are employed as adverbs in Spanish. See Keniston 25.41.
1304. *quando*: si. Cf. note, l. 102.
1325. *algo*: en algo.
1304. *quando*: si. Cf. note, l. 102.
1351. We accept the emendation of *C*, which attributes this line to Sancho and not to Vellido, as in the *MS*. and *A B*.
1361. *de oír ni hablar*. The *MS*. reads "de huir hablar."
1366-67. These lines appear to be an aside, although not so indicated by the *MS*. or *A B C*.
1367. The stage direction, *Vanse*, is missing in the *MS*.
1369. *¿Guardáis la prima? Prima* is the canonical hour sung after *lauds*, very early in the morning. This is obviously a pun, since *prima* is also the treble

string of the guitar. Edwin Morby notes (*La Dorotea*, V, 51) that references to the tuning of guitars abound in Lope.

1384. *relox despertador*. Laín compares his guitar to an alarm clock, since it serves to keep him awake. It was the custom for guards to sing on their watch in order to keep awake and to lull the anxiety of the enemy. Menéndez Pidal, in his essay "La primitiva poesía lírica española," in *Estudios literarios* (Madrid, 1920), p. 304, notes:

> Era costumbre que los centinelas, durante la noche, cantasen y tañiesen, por impropio que esto nos parezca de la situación del que ha de vigilar en un puesto difícil; hasta tal punto la poesía y el canto invadían la vida entera. Cantaban los centinelas para mantenerse despiertos, sobre todo en la llamada por los veladores, harta propiedad, 'hora de la modorra,' allá hacia el amanecer, cuando el frío y el sueño cargan con más pesadez; cantaban también para desafiar al salteador y para sacudir las preocupaciones del ánimo en la soledad de la noche... Todavía en el siglo XVII eran usuales estos cantos. Lope de Vega, en *Las almenas de Toro*, nos da uno muy popular entonces. Dos centinelas, con sus guitarras, espantan el sueño, cantando a dúo el estribillo, y en diálogo el resto; uno dialoga como soldado, otro como galán, y así van entremezclando sus razones, ora militares, ora amorosas. (307-308.)

Mechanical clocks were non-existent until the middle of the fourteenth century. By the sixteenth century clocks of all sizes were widespread. Alarm and striking devices were made from the first. See T. P. Camerer Cuss, *The Story of Watches* (London, 1952), pp. 26 and 37.

1389. *Alzad la prima*. This expression has not been located. However, one may assume that it has the same meaning as "subir la cuerda," which is given by Domingo Prat in his *Diccionario biográfico-bibliográfico-histórico-crítico de guitarras* (Buenos Aires, 1934), p. 462, as "afinarla subiendo — subir el tono." For other examples concerning the tuning of instruments in Lope, see Edwin Morby, ed., *La Dorotea*, I, 69.

1390-99. The first three lines of this song occur frequently in Golden Age works. Guillén de Castro used them in his *Pagar en propia moneda*, and Lope in *La Dorotea*, *El sol parado*, and *El nacimiento de Cristo*.

1391. *bélale bien y mira por ti*. The MS. reads "Belate bien y mira por ti."

1392. *que belando en él me perdí*. The MS. reads: "que belando me perdí." See l. 1399, where the same variant occurs.

1407-08. *Una trompeta le di / para segura señal*. In the sense that "a trumpet call will be our signal." Lope later forgets that the signal is to be given by a trumpet. In l. 1485, it is given by drums.

1417-18. *si no es que la caça asombre / mi desdicha*. "Unless my misfortune scares away our prey." Vellido is worried that the guards will recognize him or see Sancho and his army hidden near by. *Asombrar* has the meaning of "fig. asustar, espantar" (Acad.) in this case.

1446. *la tendrá por cosa llana*. "She will consider the letter authentic." *Llana* meant "natural" in the seventeenth century (see Martín Alonso, *Enciclopedia del idioma*.) Literally: "She will consider the letter a natural thing, [and will suspect nothing]."

1449. *de parte suya*. "On her [Urraca's] behalf." Diego was sent to Toro to warn Elvira of Sancho's plans and to promise her aid. See ll. 182-211.

NOTES TO THE TEXT

1453-54. The *MS.* reads "Que no ay engaño presumas / donde no interbienen plumas."
1456-57. Between these two lines "de mi hermana" are deleted in the *MS.*
1463. *primero que*: antes de que. See Keniston 28.56.
1468-69. Edition *C* made three lines out of these two, as pointed out by Restori in *Zeitschrift für Romanische Philologie*, XXVI (1902), 507.
1482. *Alçá... abrí.* For "alzad... abrid." See Keniston 30.41 and cf. *Don Quijote*, I, 68, 7.
1483. *rastrillo.* An iron gate which guarded the entrance to a castle or fortress.
1484. *toca la caxa.* As early as 1072, the date of the siege of Zamora, drums were not yet used in battle. According to Menéndez Pidal (*La España del Cid*, I, 335), it was the Almorávides who introduced their use in Spain in 1087.
1485. In the *MS.*, "puer" is deleted before *seña.*
1493. Stage direction: *bieldos.* Instruments for winnowing the grain. The *MS.* reads "bielos."
1493. *aventar.* To winnow, to fan the chaff from the grain. The *MS.* reads "albentar."
1500. *Sicilia.* This apparently is a character who does not speak any lines in the play.
1503. *sée.* A rare spelling of "sé."
1513-15. *es don Bela, como beis, / de Diego Laínez primo, / padre del Cid.* The *MS.* reads "sobrino" instead of "primo." In ll. 2058-59, the Cid calls Vela his uncle and the latter calls the Cid his nephew. In l. 2102, the Cid reiterates the fact that Vela is his uncle. Lope apparently ignored the relationship mentioned in ll. 1513-15 when he wrote l. 2034, where the Cid says to Sancha: "Sobrina, dadme los braços," since the Cid and Sancha are first cousins in the play. The relationship is not historical.
1518. *biçarro.* Dashing. See the excellent entry for this word in Corominas.
1520-22. See note, ll. 558-579.
1561-64. These lines are missing in *A B C.* The concept that animals, fish, birds, and bees have certain degrees of intelligence and affection is found in Pliny, *Natural History*, Books VIII-XI.
1581. *gataço.* Cf. "Era el gatazo de gentil persona, / y no menos galán que enamorado." (*La gatomaquia*, ed. F. Rodríguez Marín [Madrid, 1935], silva 1, p. 7.)
1588. *y ella.* The *MS.* incorrectly reads "y el."
1594. *fulleros.* Creats or crooks. Cf.

> Y a los golpes primeros
> se llamaron fulleros,
> si bien no hay deshonor desenvainada.
> (*La gatomaquia*, silva III, p. 38.)

Rodríguez Marín notes in his edition of *La gatomaquia* that "... se llamaron fulleros... insulto muy propio de gatos, porque empieza con *fu*, voz principalísima de su escaso léxico."
1597. *quistión.* An archaic variant of *cuestión*, "a fight or quarrel."
1610. *nuesama.* See note, l. 788.

1614. *traigo*. The MS. and *A B C* read "trajo." Our emendation seems justified because Suero is surprised to see his mistress bring the provisions (cf. ll. 1609-10: "¿No abía en casa criadas, / nuesama?").

1624. The stage direction is missing in the MS.

1625-38. J. G. Fucilla, in his article "Concerning the Poetry of Lope de Vega," *Hispania*, XV (1932), 226-227, shows the relationship of this sonnet and "Pace non trovo, e non ho da far guerra" of Petrarch, "Tanto de meu estado me acho incerto" of Camoëns, and other sonnets by Lope.

1649-50. *del toro / que piensa robar a España*. Lope substitutes *España* for *Europa*. See ll. 994-995.

1661-62. *quando fuera bien que yo / fuera sierpe en el oýdo*. "When I should have listened more carefully." Perhaps it was a common belief in Lope's time that snakes depended on a sharp sense of hearing because they had poor eyesight. "Non est fateri rerum natura largius mala an remedia genuerit. iam primum habetes oculos huic malo dedit, eosque non in fronte ut ex adverso cerneret, sed in temporibus, — itaque excitatur celerius auditu quam visu." (Pliny, *Natural History*, III, 62.) Snakes, however, generally have well-developed eyesight, but no external ear or ear-drum.

1664-66. *de quien se suede decir / que pagan con el oýr / quanto engañan con el ber*. I. e., "de quien se suele decir que [se] pagan con el oýr quanto [se] engañan con el ber," i. e., "de quien se suele decir que les es grato oír todo lo que oyen, fundándose en el engaño de los ojos." Elvira was deceived by what she saw, namely the forged letter and the false don Diego, hence she was pleased to hear Vellido's deceitful words. Keniston (27.36) notes the occasional omission of the reflexive pronoun, but his examples do not apply to the present case, for they have to do with verbs used intransitively. He also gives examples of the carry-over of the reflexive pronoun which might be adduced as parallels of the possible carry-over of the *se* from *se suele* (l. 1664) to [*se*] *pagar* and [*se*] *engañar*, if the said examples did not apply only to independent infinitives used reflexively. However, Hill and Harlan in two instances note the omission of the reflexive *se* of two transitive verbs in *El burlador de Sevilla*: *prenden* for *se prenden* (*Cuatro Comedias*, p. 434, l. 401) and *espantar* for *espantarse* (p. 437, l. 594.)

For the idea involved, cf. "Más mugeres se han perdido por los oídos que por los ojos, más daño les ha hecho siempre el oír alabanças que el mirar gentilezas." (*La Dorotea*, p. 439, ll. 12-14). For a well-documented note on this theme, see *La Dorotea*, V, 165.

1671. *No os bais*. *Bais* (*vais*) is an archaic form of the subjunctive *vayáis*. It is a direct descendant of the Vulgar Latin, *vatis*. See Menéndez Pidal, *Gramática*, 116, 5. Cf. *Don Quijote*, I, 346, 5.

1691. *es él muerto*: él ha muerto. The old use of *ser* as the auxiliary of compound tenses of intransitive verbs survived in the Golden Age. See Keniston 33.82.

1724. *träime*. *Trae* became *trai* in popular speech. *Trai* is frequently found in Lope's manuscripts. See Rufino José Cuervo, *Apuntaciones críticas sobre el lenguaje bogotano*, 6th ed. (Paris, 1914), art. 782 and 787; W. L. Fichter, ed., *El sembrar en buena tierra*, pp. 174-175; and J. F. Montecinos, ed., *El cordobés valeroso* in *Teatro antiguo español*, VII (Madrid, 1929), p. 152.

1724. In the MS., "de bestir" in deleted between "traime" and "de color."

1734. *en buestro término hidalgo*. In your noble manner." Pagés: "*Térmi-*

no, forma o modo de portarse o hablar." Also, Carmen Fontecha, *Glosario*: "conducta, proceder."

1755. *en mi cassa os resciviera*. The *MS*. lacks "os."

1756. *mas bése en v[uest]ro decoro*. The context clearly indicates that *decoro* designates Elvira's lady-like behavior, that is, a behavior in keeping with her station in life. She is dressed and she talks like a person of exalted station. Elsewhere, 1. 8, the word has the more general meaning of "respect."

1778. In the *MS*., the stage direction, *Vanse*, is missing.

1811-12. *si dixeras en ausencia / del rey estas palabras...* In the honor code, one could not draw his sword or quarrel in the palace or in the presence of the king. According to the *ley de la presencia real*, if the king appears on the scene of a duel, the participants must put up their swords. See G. T. Northup, "The Spanish Conception of Honor," in *Three Plays by Calderón*, pp. xvi-xxiv.

The Cid implies in this passage that Vellido is protected by the rules of court etiquette. But, if Sancho were not present, something could be done about Vellido's insolence. One case of the king's presence preventing a duel occurs in Lope's *Valor, fortuna, y lealtad*, Act III, Acad. VII, 326b. In Lope's *Los Benavides*, the child king Alfonso happens upon don Iñigo Arista and Payo de Vivar, who, having draws their swords, are about to engage in a duel. They desist, in spite of the fact that the king is a child. See Act II, Acad. VII, 524.

1826. *aprendí a engañarte*. One supposes a tripthong for the necessary synalepha.

1834. *le siegue las dos piernas*. Cf.

> ... si ese morillo
> viniere a vuestro castillo,
> tan bien siego moros cuellos
> como espigas, que por ellos
> la hoz convierte en cuchillo.
>
> (*Los Benavides*, Act III, Acad. VII, 540.)

> ... derribaba moros con la espada
> como el que siega con la hoz espigas,
> cuyos manojos recogió la muerte.
>
> (*La campana de Aragón*, Act II, Acad. VIII, 265.)

1837. *afrentado*. The context seems to imply that Ansures refers to Vellido as the one who is affronted. Ansures, however, is appalled at Vellidos' indecorous remarks made to the king. Therefore, a logical reading could be: "¡Que [a] este afrentado (Sancho) / hable [Vellido] desta manera!"

1839. *Tengo pensado*. For *tener* used as an auxiliary with the perfect participle, see Keniston 33.81. Keniston makes a point of the idea that these combinations with *tener* are not true perfect tenses.

1842. The stage direction, *Vanse*, is missing in the *MS*.

1851. *Compostela*. In the *MS*., this reads: "Campostela."

1889. *de adónde*. For "de dónde." See Keniston 14.737.

1890. *astorguino*. The Acad. only gives "astorgano" for an inhabitant or adjectival form for Astorga. *Astorguino* follows the *i-o* assonance of the verse.

1897. *que estubiera en buena edad*. Render: "si viviese, estubiera en buena edad."

1900-02. *La Birgen y el crucifixo / de Burgos se lo depare, / y San Domingo de Silos.* The reference may be to the chapel of Nuestra Señora de los Remedios in the Cathedral of Burgos. The statue of the Virgin, which was made in the thirteenth century, is of carved wood. In the same chapel, a crucifix is venerated as "el Cristo de Burgos."

St. Dominic of Silos is a saint especially revered in the region of Burgos. He resisted the petitions of García of Nájera, king of Navarre, that the treasures of the monastery of Cañas be delivered to the latter. He was a good friend of Fernando I of Castile, and became abbot of the monastery of San Sebastián of Silos, where he died in 1073.

All three references are anachronistic, since the first two pertain to works of art of a later period than that covered by the play (the Cathedral of Burgos was begun in 1221), and St. Dominic died a year after the historic siege of Zamora.

1909. *cirio pascual.* The Paschal Candle in Roman Catholic liturgy is a large column of wax ornamented with five grains of incense. It is lighted by newly-blessed fire in the service which precedes Midnight Mass on Easter Sunday. In the succeeding lines Vela refers to Elvira's arms as being whiter than the Paschal Candle, because they are covered with flour. At the same time, he makes a play on words with her name "Pasquala." Vela also compares himself with the pieces of incense, because he wants to belong to Elvira.

1918. *principios.* I. e., "principios de este amor."

1920-22. *porque un filósifo dixo / que amor, como engendra sangre, / a los biejos buelve niños.* Lope often used *filósofo* and *sabio* with no specific source in mind, but merely as a means of adding authority to a statement. See W. L. Fichter, ed., *El sembrar en buena tierra*, note, pp. 193-194. Also, cf. Calderón's *No siempre lo peor es cierto*, ed. Hill and Harlan, *Cuatro Comedias*, Act II, ll. 1410-13, p. 527. While it is difficult to determine a specific source, the idea of the old man who feels rejuvenated because of his love for a young girl is not original. A notable precedent appears in Plautus's *The Merchant*, Act II, Demipho, *senex*, falls in love with a young slave that his son has brought from another land. In his amorous exuberance, the old man senses a rejuvenation: he feels stronger, his eyesight is keener, and he even calls himself a "boy." A less striking occurrence is that of the lecherous old man, Lysidamus, in Plautus's *Casina*, who seeks to spend the first night with his slave's bride, only to be severely castigated for his imprudence. It is possible that Lope kept the examples of Plautus in mind when he wrote ll. 1920-22. Equality in marriage, however, was always recommended in the Golden Age. See Américo Castro, *El pensamiento de Cervantes* (Madrid, 1925), pp. 132-136. Vela is playing the role of the foolish old man of Plautine comedy, and Suero's admonitions (ll. 2127-32, 2134-40, 2143-48) recall the classic idea that love of young girls should be confined to young men.

1941-44. *doyte el alma, y doyte luego / el entendimiento mismo, / la memoria y boluntad, / y más, los cinco sentidos.* Enrique wishes to give his whole being in terms of Scholastic philosophy, which distinguishes between the vegetative, sensitive, and rational powers of the soul. "Entendimiento, memoria y voluntad" correspond to the rational powers, and "los cinco sentidos" to the sensitive powers, the vegetative powers would be understood. See St. Thomas Aquinas, *Summa Theologica*, LXXVIII-LXXIX. Lope thus parodies courtly love language.

1963-64. *y por las bisperas de ella / bengo a sacar tu domingo.* "Las vísperas" refer to the vigil before Easter Sunday. By applying the word to herself, Elvira implies that she is beginning to feel love, which will lead to his rejoicing ("domingo").

Fin desta jornada. Lope never used the word *jornada* in his autographs. *Jornada*, nevertheless, is a common acceptation for *acto*. The publishers of the seventeenth century customarily interchanged the two terms. See Rennert, "The Staging of Lope de Vega's *Comedias*," *Revue Hispanique*, XV (1906), 482.

THE THIRD ACT

1992. *el hábito señor*. *Señor* is used as an adjective with the meaning of "noble, decoroso y propio de señor, especialmente hablando de modales, trajes, y colores." See Pagés.

2001. *soldadesca*. See Gillet's well-documented note (*Introito* to *La soldadesca*, note to l. 102, III, 389) for *soldadesca* as a collective substantive. Here Lope uses the word to designate a small group of soldiers. Cervantes, in an example cited by Gillet, uses it to designate the army: "Alabó la vida de la soldadesca." Morby, in a note to *La Dorotea* (I, 20), gives us another of the latter meaning by quoting verses from Lope's *Poesías líricas*:

> ¡Galas y penachos
> de mi soldadesca,
> un tiempo colores,
> y agora tristeza!

2003-4. *la toca acomoda / al rostro y responde honesta*. The *toca* was a veil worn by both men and women (Covarrubias: "*Toca*, el velo de cabeça de la muger. Dize el proverbio: 'en la cabeça loca, poco dura la toca.' En algunas partes de España no traen los hombres caperuças ni sombreros, y usan de unas tocas rebueltas en la cabeça, como son los vizcaynos y montañeses." Corominas, in his extensive treatment of the origin of the word, notes: "Es palabra de uso general en toda la Edad Media y período clásico (y hoy todavía, al menos para las monjas)." The principal purpose of a *velo* is to cover the head and face. Sancha, therefore, tells Elvira to cover her face. Cf. the stage direction which follows: *Embóçanse*. In the *MS.*, the above lines are erroneously atrributed to Elvira.

2006-07. *No ay otro cristal, señor, / como la mano*. The reference to the hand as a drinking vessel was commonplace. Cf. "En el cristal de tu Divina mano / de Amor bebí el dulcísimo veneno." (Góngora, *Obras*, I, 300); and:

> ¿Beber en cristal es poco,
> o de algún arroyo el agua
> con la mano, que le vuelve
> la mitad desde la barba ...?
>
> (*Los Tellos de Meneses*, Act I, Acad. VII, 296.)

2009. *la mía*. I. e., *mi mano*.

2010. *ui yo.* The *MS.* reads: "vi o." The "o" is superimposed over another letter, and appears to be an attempt to delete another letter rather than a letter itself.
2020. *Sancha.* The *MS.* reads: "señora."
2027-28. *y no está a uer enseñada / plumas, ni escuchar desseos.* Render: "y no está enseñada a uer plumas ni escuchar desseos." Acad.: *"Enseñarse, acostumbrarse, habituarse a una cosa."* Cf.

> ... y enseñado a plantar yerbas y flores
> planté seis hijos ...
> (*El castigo sin venganza,* ed. Adolfo Van Dam [Groninga, 1928], Act III, pp. 253-254, ll. 2469-70.)

> Es con tanta razón tu desconsuelo,
> enseñado a privanzas y a regalos
> del príncipe afligido, que esto es poco.
> (*El marqués de Mantua,* Act III, Acad. XIII, 328.)

2034. *Sobrina.* Cf. note, ll. 1513-15.
2051. *quien en tales desafíos.* "Who in such memorable encounters." Keniston 17.6: "Certain adjectives whih indicate quality, quantity, or size are also demonstratives in force. Thus *tal* is a demonstrative of quality ..." Acad.: *"Tal,* tanto o tan grande." In this line, the *MS.* lacks "en."
2053. *El tiempo buela.* The *MS. reads* "En tiempo buela."
2054-56. *Si os llamara mozo aora, / —perdonad, Cid— que a Çamora / lleuara el Cid en don Bela.* Sancho extols Vela, telling him that if he were young again, there would be another Cid in his strength and valor.
2062. *¿Ximena? Preñada ya.* A gross anachronism. Historically, Sancho was dead by the time the Cid married Jimena. After Sancho's death, Alfonso VI promoted the marriage, which took place on July 19, 1074. Lope's anachronism reproduces that of the *Romancero,* according to which the Cid married before the death of Fernando I (1065).
2063. *Tan bien a Castilla está*: tan bien conviene a Castilla: "Estar bien una cosa a uno. Fr. Convenir, ser útil, cuadrar" (Pagés) The *MS.* and *A B.* read "También a Castilla está."
2066. *porque.* The *MS.* reads simply "por."
2087. *sin quien*: sin las cuales. *Quien,* used as a plural relative for things as well as for personas, is listed by Keniston 15.226. The *MS.* variant "si que" may be an error for "sin que." Keniston 15.22, however, points out that que as a relative pronoun was more frequently replaced by *quien,* referring to both the singular and the plural.
2089. *puesto que*: aunque. See Keniston 28.44.
2091. *la mira.* The *MS.* reads "a la mira."
2102. *sobrino.* See note, ll. 1513-15.
2128. *tu intento.* The *MS.* and *A B* read "su intento."
2130. In the *MS.,* "en" is deleted before "con."
2133. *casaré.* The *MS.* reads "casarme." A possible *MS.* reading is "casarme he." See note, l. 28.
2153. *a un hidalgo.* The *MS.* lacks «un.»
2165. *don Rodrigo de Lara.* The *Primera crónica* and the *Romancero* do not mention a Rodrigo de Lara who lived during the time of the Cid, nor is there

evidence elsewhere of such a personage. The historical Rodrigo de Lara (Ruy Velázquez), mentioned in a document of 998, plotted the death of his seven nephews, the Infantes de Lara. Cf.

> ¡Ay Dios, qué buen caballero
> Fue don Rodrigo de Lara,
> Que mató cinco mil moros
> Con trescientos que llevaba!
> (Durán, 666.)

In our context, Rodrigo de Lara would have to be Leonese, being from Zamora. It seems natural that Lope was thinking of Rodrigo Arias, the fourth son of Arias Gonzalo. It was he who fought in defense of Zamora with the challenger Diego Ordóñez de Lara and forced the latter out of the combat. The traditional association of Diego Ordóñez de Lara and Rodrigo Arias may have suggested to Lope the name "Rodrigo de Lara." Cf.

> —Don Diego Ordóñez, Don Diego,
> ¿Qu'es de la sangre de Lara,
> Y del buen Diego Proal,
> Y de Gonzalo Mudarra,
> Pues de su sangre ha venido
> Quien ha deshonrado a España?
> ¡Rodrigo Arias venturoso,
> Pues dentro de la estancada
> Has muerto como hijo-dalgo,
> En brava y cruel batalla!
> (Durán, 799.)

2179. *Uele a llamar.* The MS. lacks the "a."

2181-82. Between these two lines the MS copyist carelessly wrote l. 2184, and then deleted it. A similar slip occurs betwen ll. 2187-88, where he wrote and deleted l. 2157. The first mistake is the more understandable, for the misplaced line is only two verses from its proper position. The second mistake was caused by writing the same verse (l. 2157) at the top of both columns of verse of the same page. L. 2157 appears at the top of the left-hand column of folio 39*v* and the deleted l. 2157 at the top of the right-hand column. L. 2188 is actually the first line of the right-hand column of verse.

2216. *traten.* The MS. and *A B* read "tratan," which does not rhyme with "maten" (l. 2213) in the *redondilla*. We have accepted the emendation of *C*.

2222 *otras salta*: otras veces salta. Again we accept the emendation of *C*. The MS. and *A B* read "otra salua" and "otro salta," respectively.

2225. *de la cinta, del clauel.* In other words, love at first sight often occurs from saying two or three words about a sash or a carnation, which a girl is wearing.

2235. *después con.* The MS. reads "después que en."

2245-48. The moon goddess, Selene, saw Endymion, the shepherd, and fell in love with him. Descending from the heavens to Latmus, she kissed him, after which he forever slumbered to be visited nightly by his lover and to be covered with her kisses. A similar reference is found in Lope's *El castigo sin venganza* (ed. Adolfo Van Dam, ll. 1494-97):

> Más alta será la luna,
> y de su çerco argentado
> bajó por Endimión
> mil veces al monte Latmo.

NOTES TO THE TEXT 205

2249-52. Adonis was loved both by Aphrodite (or Venus, the third sphere in the Ptolemaic system) and by Persephone, the queen of the dead. One day, while hunting, he was attacked by a boar he had wounded. Fatally injured, his snow-white skin was covered by his crimson blood. Aphrodite kissed him as he was dying. Where each drop of his blood fell, a red anemone, the windflower, sprang up.

2257-58. *Sólo a ti por ese amor, / que dizen que amor se paga.* An allusion to the proverb "amor con amor se paga." José María Sbarbi, *Diccionario de refranes, adagios, proverbios, modismos, locuciones, y frases proverbiales de la lengua española* (Madrid, 1922), p. 47, explains: "Enseña la reciprocidad existente entre el beneficio recibido y su correspondencia. Empléase muchas veces en sentido burro."

2266. *tu cara.* The *MS.* reads "no era."

2276. *Pascua.* Cf. note, ll. 1963-64. *Pascua*, Easter Sunday, i. e., "the cause of my rejoicing."

2280. *o que bien o mal me vaya*: o que bien o [que] mal me vaya. For the correlative *o que ... o que*, see Keniston 42.25.

2283-84. *voy hechando hazienda mía, / pensamientos y mi fama.* These lines are missing in *A B C*. The *MS. reading* "voy hechando hazienda mía, / pensamientos y borrascas" is not satisfactory because of the repetition of "borrascas" following "borrasca" of l. 2282. We emend the text by supplying "mi fama" of the *A B C* reading of l. 2282 for "borrascas."

2291. *vine.* The *MS.* reads "viene."

2292. *el Patrón.* The omission of the personal *a* as a sign of the direct object referring to definite persons is explained by Keniston 2.156 as a "depersonalization" of the noun. Here, *Patrón de España* refers more to the place than to the person.

2296-97. *donde la capa / del sayal guarda mi uida.* The *MS.* reads "donde la capa / del soyal guarda mouida." *A B C* read "donde la capa / del sol la guarda mi vida." *Capa* is a cloak, but it also has the figurative meaning of "a pretext" (Acad.: "*capa*, fig. pretexto con que se encubre un designio"). Enrique obviously means that his disguise as a peasant is protecting him from his enemies. See ll. 797-807, and cf.

> ... que la capa de sayal
> puesto que aforrada en tela,
> es como hablar con cautela,
> que suena bien y hace mal.
> (*La campana de Aragón*, Act, I, Acad. VIII, 260-261.)

2310. *executoria.* Letters patent of nobility.

2315-18. These lines are missing in *A B C*.

2317-18. *Ramiro, yo tengo un nombre / cuyos ecos tiran, matan.* Elvira may mean that her name "Elvira de Toro" suggests violence, because of the recent battle of Toro. *Ecos*, if understood to mean those influenced or under the influence of Taurus (Acad.: "*eco*, fig. lo que está notablemente influido por un antecedente o procede de él"), are those people endowed with "les brutalités physiques et morales, violence et concentration" (see Max Jacob and Claude Valence, *Miroir d'astrologie* [Paris, 1949], p. 38). We have already observed in the note to l. 553 Lope's knowledge and use of astrology. The verb *tirar* includes in its various meanings many forms of violence, such as hurling weapons; here, it seems to apply to a bull who throws a man to the ground. *Tirar* does not have a technical meaning in bull-fighting. Corominas conjectures that a possible origin of *tirar* is the Germanic *těran*, "desgarrar, destrozar." Ll. 2325-28 seems to corroborate the idea of the bull who "throws and kills." Enrique is deceived, believing the sign to be Leo. Ll. 2353-56 reflect what Sancha overheard from ll. 2317-19. The sum of the clues then, seems to involve those born under the sign of Taurus, subject to a violent nature, the bull itself, who violently throws and kills with his horns, and the conclusion, the city of Toro.

2322. *Señor*. See note, l. 730.

2329-32. In other words, "Engáñaste, que más cerca de la primavera mi signo esmalta el campo de varias flores, y las aguas de suelta nieve," or "you are deceived, for it (my sign), in closer proximity to spring, adorns the countryside with various flowers, and the water with broken snow." Here, *nieve* seems to replace the usual *cristal* to picture white crested waves of brooks and streams. Taurus enters in spring (April 20) while Leo in summer (July 23).

2357. *la Virgen*. Sancha questions Elvira's virtue by stating that the sign mentioned earlier (l. 2319) is not that of the Virgen, i. e., Virgo.

2366. *se afeyte*. The *MS*. reads "afeyte."

2382. *si mi hermana*. The *MS*. reads "pues que mi hermana," which adds one too many syllables to the line.

2388. *y diziendo*. The *MS*. reads "y que diziendo."

2403-04. Gloss: "You will judge my desire [to be] as good as the sound [announcing the end of the war], to whose peace you are [now] aspiring." Corominas believes that *son* may come from *langue d'Oc* as a musical term of the minstrels. *Son* is listed in the Acad. with the meaning of "noticias." Vellido is about to end the siege by treachery and is speaking more of future happenings than of past deeds.

2406. *don Olfos*. Lope imagined that the father of Vellido was named don Olfos. Historically very little is known about Vellido, except his murder of Sancho at Zamora. The *Romancero* refers to his father as "D'Olfos Bellido (Durán, 777.) or Dolfo Bellido (*Durán*, 778.). Cf. l. 2642 of *Las almenas*: "Vellido el viejo." According to one ballad Vellido's father was traitor: "si gran traidor fue el padre, / mayor traidor es el hijo" (*Durán*, 777.). In another is found the story that Vellido killed his father: "a quien él mismo matara / y después echó en el río" (*Durán*, 778.).

2413. *de cuyo engaño se lamenta el moro*. Vellido could be referring to the Cid's capture of Alcocer, which, however, took place several years after the historical action of this play. After laying siege to Alcocer for three months, the Cid saw that is was not going to surrender easily. Suddenly breaking camp and conspicuously leaving one tent behind to emphasize the need to leave quickly, the Cid succeeded in deceiving the inhabitants of Alcocer into believing that he was out of provisions. The Moors rushed out of their town in pursuit, leaving the gates open. The Cid and his army turned around, defeated their enemy, and took Alcocer.

2420. *conocí*. The *MS*. reads "conocio."

2425. *dexara*. Since Elvira's sad example is an accomplished fact, the imperfect subjunctive of *dejar* does not seem in order. Lope was probably influenced by the exigencies of rhyme and the feeling that he was justified by the precedents of the *Romancero*, in which the uses of the *-ra* form of the imperfect subjunctive also had the time value of the pluperfect or the preterit. In this case, *dexara* = *dexó*. See R. Spaulding, *How Spanish Grew* (Berkeley, 1948), pp. 123-124.

2426. Cf. "Zamora la bien cercada." (*Durán*, 780).
2427. *Arias Gonzalo y sus gallardas plantas*. Arias Gonzalo and his four sons. None of the dictionaries consulted, including Corominas, gives the meaning for *planta* as "son." The analogy between "offshoot" and "son" justifies the use of the word. Cf. 1. 2428: "dignas de las que el sol abrasa y dora." A similar usage of *plantas* appears in Lope's *El bastardo Mudarra*, when Gonzalo Bustos (Gustioz) sees the heads of his decapited sons brought to him by the agents of Almanzor: "¡Ay, plantas mías, sin razón cortadas! / ¡Ay, dulces prendas, por mi mal halladas!" (Act II, Acad. VIII, 489).
2428. *abrasa*. The *MS*. reads "abraza" and *A B* "abraça."
2429. *el de Lara*. I. e., Diego Ordóñez. Cf.

> Levantóse Diego Ordóñez,
> Que a los pies del Rey yacía,
> La flor es de los de Lara
> Y lo mejor de Castilla.
>   (*Durán*, 784.)

2440-41. *No permitas que dilate / cosa que horrarme de seruirte pueda*: no permitas que dilate nada que pueda honrarme de servirte. For *cosa* meaning *nada*, see *Don Quijote*, II, 304, n. 1; and VII, 55, n. 19.
2466-68. Render: "Pues no [podrá una vid tierna sufrir un olmo duro] para sustentarse como la yedra [se sustenta o sostiene al] arrimarse al viejo y antiguo muro?"
2471. *El tuyo*. The *MS*. reads "El mio."
2475. *él es ydo?* See note, 1. 1691.
2493. *el Duque de Borgoña*. The *MS*. lacks "el."
2499. *y rogar*. The *MS*. reads "y tratar."
2510. *calienta*. The *MS*. reads "se calienta."
2516. The stage direction, *Aparte*, is missing in the *MS*.
2516. *responde*. Corresponde. In other words my, "vexation lies in what corresponds to what I have to tell you (*mi voluntad*)." Sancha reluctantly proposes for her father.
2536. *vengo*. The *MS*. copyist first wrote "buelua" then crossed it out and wrote "vengo."
2541-44. Don Vela is presented as having foreknowledge of future developments, namely, that the siege will draw itself out interminably. He prophetically states that tradition will make the saying "no se ganó Zamora en una hora" a part of the popular vocabulary. He means that by the time he returns from the siege, he will really be too old to aspire to the hand of Pascuala, who already has forewarned him that she will not be his wife until the siege of Zamora ends (cf. ll: 2527-31).

The Spanish saying «no se ganó Zamora en una hora» corresponds to the English "Rome wasn't built in a day." Sbarbi (II, 472) says that the Spanish saying involving Zamora «alude a la fortaleza de sus antiguas murallas y a la defensa que hicieron en largos y apretados sitios sus habitantes, singularmente al que puso don Sancho *el Fuerte* contra su hermana doñ Urraca. Y así, para encarecer la dificultad de una empresa y pintar a la vez el carácter tenaz de su habitantes, se emplea dicha frase.» José María Iribarren, *El porqué de los dichos* (Madrid, 1956), p. 568, adds the following material to the above:

"Otros dicen: *no se ganó Zamora en una hora, ni Roma se fundó luego toda.* Ambas frases indican que las empresas grandes y difíciles requieren largo tiempo."
2546-47. *aguardar / que*: aguardar [a] que.
2548. *tan bien.* The *MS.* and *A B* read "tambien."
2564. *Elena.* Sancha calls Elvira "Helen," that is, "Helen of Troy," reaffirming her belief that Elvira is an adulteress hiding from her husband in a foreign land. Cf. ll. 2360-62.
2569. *¡Dalle!* Acad.: "*Dalle, dalle,* peor es urgalle. fr. fig. y fam. Que en ciertas cosas no se debe insistir."
2570. *Pascualear.* To cackle. Corominas: "cacarear la gallina guinea porque dice Pascual ... Pascual, según la interpretación folklórica."
2571-72. *¡a fe que an de pasar / estas Pascuas en la calle!* Another of the many puns made on the name *Pascuala*. "Why all the racket out there?" Cf. Sbarbi (II, 205): "*Cuándo no es Pascua?* Expresión usada cuando se ve u oye una cosa generalmente enojosa, que se repite con mucha frecuencia."
2577. *inportan.* The *MS.* reads: "inporta."
2583. *muesama.* See note, l. 788.
2586. *albéytar.* Veterinarian.
2587-92. Gloss: "Tu ingenio en vano rodea [para] disimular el habla, que no podrás [disimular] la cara en que el cielo escribió: 'aquesta muger nació para señora no más.'" According to the Acad., *rodear* has the figurative meaning of "usar de rodeos en lo que se dice."
2593. *enredos.* The *MS.* reads: "rodeos."
2597-2600. *El escudero y soldado, / ... lleuallos al hospital, / y el cauallo uiejo al prado.* This saying does not appear in the consulted dictionaries and collections of proverbs and sayings. Its traditional flavor leads one to suspect that it was an authentic saying of the time. Elvira means "el escudero y soldado *viejos*." She appears to be too diplomatic to call don Vela "an old soldier" to his face, but the adjective "viejo" is nevertheless implied through the association of "escudero y soldado" with "cauallo uiejo."
2602. *ya la yerua, ya la grama.* I. e., "ya [a] la yerua, ya [a] la grama."
2604. The emendation of *C* "sois" for "soy" is ill-advised. In the context, the line implies that Elvira has the "fire" of youth.
2607. *Señor.* See note, l. 730.
2663. *lleuarlas.* I. e., *las espuelas.* See quote from the *Primera crónica* in the following note.
2663. The *Primera crónica* (II, 511b, ll. 4-9) relates: "... aquí dize la estoria que alcanço el Cid a Vellido entrante de la puerta de la villa, et quel firio de la lanca et quel metio por medio de las puertas adentro, et dizen quel mato y el cauallo, et ouiera y muerto e el si las espuelas ouiesse tenidas."
2668-70. Gloss: "y que dizen que apenas se vía la parte del cuento, [y el Cid estaba] blandiendo el postrero tercio." *Cuento* is the metal tip of a spear. According to Corominas, the word has come to mean the shaft. Cf. "A todo esto no respondió Sancho, porque dormía, ni despertara tan presto si don Quijote con el cuento de la lanza no le hiciera volver en sí." (*Don Quijote*, V, 105, 8-10.) Cf.

> Mirando se sale Febo
> En el cuento de un venablo,
> Que halla hincado, tremiendo
> En el campo zamorano,

NOTES TO THE TEXT 209

>Cuya asta gruesa cosido
>Tiene a tierra al rey don Sancho.
>(Durán, 781.)

El postrer tercio means "the last half," Rodríguez Marín informs us (*Don Quijote*, III, 417, 7n.) Cf. "... y recibiendo en ella una gran cuchillada que le tiró don Quijote, con que se la hizo dos partes, con el último tercio, que le quedó en la mano..."

2672. *los bélicos instrumentos*: trompetas y tambores. Earlier, "caxas" were used in the battle of Toro (1. 1484). Cf. ll. 2965-66. Also cf, *Don Quijote*, VI, 101, 14-15: "La luz del fuego, el son de los bélicos instrumentos, casi cegaron y atronaron los ojos y los oídos de los circunstantes."

2696. *reto*. The *MS*. reads "yerro."

2698. *común del pueblo*. "*Común*, todo el pueblo de cualquier provincia, ciudad, villa o lugar." (Acad.) The *MS*. reads "común de pueblo."

2701. The stage direction, *Aparte*, is missing in *MS*.

2707-09. Sancho captured Alfonso at the famous battle of Golpejera (January, 1072). Alfonso was then held prisoner at Burgos. Through the pleading of Urraca, Sancho permitted his brother to go into exile at the court of Mamún, the Moorish king of Toledo. While Alfonso enjoyed the hospitality of his friend, he plotted the restoration of his rule. At the same time, his knights aided Mamún against the latter's enemies. Pedro Ansures, Alfonso's *alférez* and companion in exile, maintained close contact with Urraca in the effort to make a stand against Sancho at Zamora. On the border between the land of the Christians and that of the Moors, there lived spies called *enaciados*, who made their living by selling information to either side. When Vellido murdered Sancho, Alfonso became king of Castile and León. Two *enaciados* bearing this news to Mamún were beheaded by Pedro Ansures before they could deliver the message. Messengers from Urraca informed Alfonso of Sancho's death. Alfonso personally notified Mamún of his good fortune, although he was somewhat fearful that the latter would take advantage of his presence in Toledo to obtain difficult terms of release. Mamún, however, proved to be magnanimous, and the two kings parted on the best of terms. See *La España del Cid*, I, 173-190.

2709. *Sancho*. This word is missing in the *MS*.

2710. *Bolverá*. The *MS*. incorrectly reads "boluiera."

2711. *en sus almenas*. The *MS*. reads "de sus almenas."

2718. *rey*. I. e., Sancho, because Diego Ordóñez challenges Zamora for its guilt in the treacherous murder of the king.

2731. *voluntad*. Sancha's desire to marry Enrique.

2732. *déjale*. The *MS*. reading appears as "dexare."

2733. *secreto*. This refers to the divulging of Enrique's secret identity.

2734. *su amor*. I. e., Elvira's love for him.

2758. *vez*. The *MS*. reads "voz."

2773-77. According to the *Romancero*, Fernando cursed anyone who would take Zamora from Urraca. In this play, the curse includes Elvira and Toro. Cf. ll. 141-150. Sancho's death is the fulfillment of the curse. Upon Sancho's death, Alfonso automatically became ruler of Castile and León (see note, ll. 2707-09). Menéndez Pidal surmises (*La España del Cid*, I, 185) that the Cid and several loyal Castilian nobles delivered Sancho's body to the monastery at Oña immediately after the murder. It was not the Cid who informed

Alfonso of his good fortune, but emissaries of Urraca. See *La España del Cid*, I, 188-189.

2778-81. These lines refer to Diego Ordóñez's challenge to a judicial duel delivered to the citizens of Zamora. The challenge was accepted by Arias Gonzalo and his sons. Cf. ll. 2685-98. Lope here wrote a *redondilla* by mistake, since the other lines are *quintillas*.

2826. *puesto que*: aunque. See note, 1. 2089.

2839-40. The reading of *C* establishes these two lines as *sueltos*. The *MS.* and *A B* readings, however, clearly indicate that they belong to the next *quintilla*.

2844-48 Gloss: "Allá tú (por más que blasfemes), si dos enamorados juntos en dos rozines en pelo lleuan reçelo de ser alcançados: [no sorprende] que corran al sol y al yelo." *Renegar* is used frequently with the meaning of *blasfemar* (see Acad.). Carmen Fontecha, *Glosario*: "renegar, prorrumpir en palabras de enojo."

2853. *sangre de los godos*. I. e., of noble and pure Spanish blood. See Carlos Clavería, "Reflejos del 'goticismo' español en la fraseología del siglo de oro," *Studia philológica*, I, 357-374, and Thomas Case, "Some Observations on the References to the Goths in the Dramas of Lope de Vega," *Revista de Estudios Hispánicos*, III, no. 1, 67-89.

2865-71. This *octava real* is incomplete, having only seven lines.

2866. *pondré*. The *MS.* and *A B* read: "pondrá."

2868. *braçero*. Pagés: "*Bracero*, el que da el brazo a otro para que se apoye en él. Dícese comúnmente de los que dan el brazo a la reina."

2869. Supply: "Como no sale [Elvira] al son del alegría." For the use of the article *el* with feminine nouns, see note, 1. 191.

2884-91. Fernán González, the first count of Castile, killed King Sancho of Navarre in a battle. Seeking revenge, doña Teresa, Sancho's daughter, deceived Fernán González by telling him that she had arranged his marriage with doña Sancha, Teresa's cousin and daughter of the new king of Navarre, don García. Pleased at the offer, the Castilian noble rode forth unarmed, as agreed upon, to meet García at Cirueña. On his arrival, he was taken prisoner. When the Castilian knights set out to rescue their lord, they swore not to turn back without him. They carried with them a stone image of him as a symbol of their determination and fidelity.

2889. *a una voz*. Acad.: "De común consentimiento o por unánime parecer."

2892. *discurrir*. Acad.: "Discurrir, andar, caminar, correr por diversas partes y lugares."

2895. *que no con tanto instrumento*. For the pleonastic *no* after comparatives, see Bello-Cuervo 1140. For *instrumento* meaning "trompetas y tambores," see note, 1. 2672.

2913. *yo lo confieso*. *Confesar* is used here in the sense of "reconocer." Cf. "Si os la mostrara —replicó don Quijote—, ¿qué hiciérades vosotros en confesar una verdad tan notoria? La importancia está en que sin verla lo habéis de creer, confesar, afirmar, jurar, y defender..." (*Don Quijote*, I, 164, 10-13.)

2915. *A Toro* after *gouierno* is understood.

2919. *la parte en que tienes puesto*. As pointed out by Guillet (ed., *Obras de Torres Naharro*, III, 165, n. 27) many idioms with *parte* were prevalent in the sixteenth century. In the examples cited, the word *parte* is used to emphasize intense consciousness of emotion. In the present instance, the whole sentence seems to stress the impatience of don Pedro: "Nuño Velázquez, do whatever *you* think is right, for we are leaving." In this line, the MS. reads "la parte que tienes puesto."

2945. *no os espantéys.* See note, l. 1243.

2945. *mançebos.* "Young men" in the sense that they are easily led atray. Covarrubías notes that the word refers to a young man still under the power of his father: "*Mançebo,* el moço que está en la edad que en latín llamamos *adolescens.* Díxose del nombre *mancipium,* porque aun se está debaxo del poder de su padre, como si fuese esclavo..."

2946. *¡Vive Dios!* The MS. reads "viuid uos."

2950. *señora, ya [ha] muchos años.* This line is missing in the MS.

2951. *de aquel v[uest]ro hermano muerto.* I. e., "a causa de vuestro hermano muerto." In some cases, *de* seems to replace *por*: "*De* expresses cause with the value of *by, for, on account of*" (Ramsey and Spaulding 29.20i).

2961. *el signo del cielo.* See note, ll. 2317-18, and ll. 2329-32.

2968. *plazas.* Although *plaza* today tends more to mean "village square," it was commonly used to mean "market place," as it often does today. Covarrubias points out the importance of the *plazas* of a period earlier than the seventeenth century: "*Plaça,* del nombre latino *platea* [actually from the Vulgar Latin *plattea*], lugar ancho y espacioso dentro del poblado, lugar público, donde se venden los mantenimientos y se tiene el trato común de los vezinos y comarcanos. Antiguamente, a las entradas de las ciudades avía plaças, adonde concurrían los forasteros a sus negocios y tratos, sin darles lugar a que pudiessen entrar a dar buelta al lugar, por los inconvenientes que se podían seguir; y assí en aquellas plaças avía casas de posadas y mesones en que se albergavan. Los juezes tenían sus tribunales en las puertas de la ciudad, do estavan estas plaças para hazerles justicia, y de allí quedo llamar plaças los oficios de oydores y ministros de justicia, y emplaçar, que era llamarlos al tribunal de la plaça." Cf. "... porque lo que no se hace ni concierta en las plazas, ni en los templos..." (*Don Quijote,* II, 24, 20-21.)

2976. *no lo tocáys?* This use of *tocar* is given by the Acad. as "fig. conocer una cosa por experiencia."

2982. *Villalonso.* A small village, today belonging to the jurisdiction of Toro. One may suppose that it is more or less the site of don Vela's farm.

2986. *responso.* Prayer for the dead. The reference apparently is to the Requiem Mass.

2992. *parçïales.* I. e., parciales del rey Alfonso.

3000. *ser de Alfonso Toro, es llano*: es llano que Toro es de Alfonso. As Keniston (37.87) points out: "One of the striking phenomena in Castilian syntax is the use of the infinitive instead of a subordinate clause with a finite verb." He gives many examples of this.

3003. *mirara. Mirar* in this context is equivalent of *reparar.* Cf. "—No me dieron a mí lugar —respondió Sancho— a que mirase en tanto..." (*Don Quijote,* I, 411, 14-15.)

3016. *casado.* The MS. reads "caso."

3016. *Dudarlo quiero.* Guillet shows (ed., *Obras de Torres Naharro,* III, 309, n. 28) that *querer* was used in the Golden Age with the archaic meaning of *estar a punto de,* as it was in the *Poema de mio Cid*: "el sol quiere apuntar."

3018. *entretener.* "*Entretener,* tener a uno detenido y en espera." (Acad.)

3020-21. *el decoro / de un viejo.* Respect for an old man.

3022. *un tiempo.* Martín Alonso, *Enciclopedia del idioma*: "en otro tiempo."

3023-24. *tenía / voto en la razón de estado.* "My opinion was considered important in affairs of state." *Voto* may be taken literally to refer to the vote of member of the royal council, or freely to mean "opinion." *Razón de estado* is the "política y regla con que se dirigen y gobiernan las cosas pertenecientes al interés y utilidad de la república." (Acad.) Cf. "... y en el discurso de su plática vinieron a tratar en esto que llaman razón de estado y modos de gobierno, enmendando este abuso y condenando aquél." (*Don Quijote*, IV, 41, 4-6.)

3026. *al lado*. I. e., a su lado.

3036. The stage direction, *Descúbrese Elvira*, is missing in the MS.

3036. *¡Buen lance e hechado!* This ironical exclamation is equivalent to "¡Yo sí que he echado mal lance!" Sbarbi (I, 511): "*Echar mal lance* —salir fallidas las cuentas que sobre algún negocio se había echado uno— buscarse un compromiso por ocurrir algo con que no se contaba." In other words, don Vela is saying that his plans and calculations with respect to Elvira have miscarried.

3042-43. *Sancha, ygual a tu decoro / será el de Lara*. Elvira gives Sancha the hand of Rodrigo de Lara in marriage. The betrothal of the two, however, had already been arranged by don Vela (see ll. 2163-65).

[*Rubric*] This rubric, most likely of the copyist, has not been identified.

BIBLIOGRAPHY OF WORKS CONSULTED

ALONSO, MARTÍN. *Ciencia del lenguaje y arte del estilo.* Madrid, 1955.
———. *Enciclopedia del idioma.* 3 vols. Madrid, 1958.
ARCO Y GARAY, RICARDO DEL. *La sociedad española en las obras dramáticas de Lope de Vega.* Madrid, 1942.
BALLESTEROS Y BARETTA, ANTONIO. *Historia de España.* 8 vols. Barcelona, 1936.
BARCIA, ROQUE. *Sinónimos castellanos.* 4th ed. Buenos Aires, 1944.
BARRERA, CAYETANO ALBERTO DE LA. *Catálogo bibliográfico y biográfico del teatro antiguo español.* Madrid, 1860.
BELLO, ANDRÉS and CUERVO, RUFINO JOSÉ. *Gramática de la lengua castellana.* 18th ed. Paris, 1916.
BOUTERWEK, FREDERICK. *History of Spanish and Portuguese Literature,* trans. Thomasina Ross. 2 vols. London, 1823.
BRUERTON, COURTNEY. "The Chronology of the *Comedias* of Guillén de Castro," *Hispanic Review,* XII (1944), 89-151.
CABALLERO Y RUBIO, RAMÓN. *Diccionario de modismos de la lengua castellana.* Buenos Aires, 1942.
CASE, THOMAS. "The Early Date of Lope's *Las almenas de Toro,*" *Romance Notes,* VI, number 2, 156-59.
———. "Some Observations on References to the Goths in the Dramas of Lope de Vega," *Revista de estudios hispánicos,* III, number 1, 67-89.
CASTIGLIONE, BALDESAR. *Il libro del cortegiano,* ed. Vittorio Cian. 4th ed. Firenze, 1947.
CASTRO, AMÉRICO. *La realidad histórica de España.* 3.ª ed. renovada. México, 1966.
———. *El pensamiento de Cervantes.* Madrid, 1925.
CASTRO, GUILLÉN DE. *Obras,* ed. Eduardo Juliá Martínez. 3 vols. Madrid, 1925.
CEJADOR Y FRAUCA, JULIO. *Refranero castellano.* 3 vols. Madrid, 1928.
———, ed. *La Celestina.* 2 vols. Madrid, 1955.
CERVANTES SAAVEDRA, MIGUEL DE. *Don Quijote de la Mancha,* ed. F. Rodríguez Marín. 10 vols. Madrid, 1947-49.
———. *Rinconete y Cortadillo,* ed. F. Rodríguez Marín. Madrid, 1920.
CLARK, DOROTHY CLOTELLE. *A Chronological Sketch of Castilian Versification together with a List of its Metric Terms,* in University of California Press, XXXIV, no. 3. Berkeley, 1952.
COROMINAS, JUAN. *Diccionario crítico etimológico de la lengua castellana.* 4 vols. Madrid, 1954.

CORREAS, GONZALO. *Vocabulario de refranes y frases proverbiales.* Madrid, 1924.
COVARRUBIAS OROZCO, SEBASTIÁN DE. *Tesoro de la lengua castellana,* ed. Martín Riguer. Barcelona, 1943.
CUERVO, RUFINO JOSÉ. *Apuntaciones críticas sobre el lenguaje bogotano.* 6th ed. Paris, 1914.
CUEVA, JUAN DE LA. *Comedias y tragedias, publicadas por la Sociedad de Bibliófilos españoles.* Madrid, 1917.
CURTIUS, ERNST ROBET. *European Literature and the Latin Middle Ages,* trans. Willard R. Trask. New York, 1953.
CUSS, CAMERER. *The Story of Watches.* London, 1952.
DÍAZ, JOSÉ SIMÓN and JOSÉ PRADOS, MARÍA DE. *Ensayo de una bibliografía de las obras y artículos sobre la vida y escritos de Lope de Vega Carpio.* Madrid, 1955.
DUCKWORTH, GEORGE E. *The Nature of Roman Comedy.* Princeton, 1952.
DURÁN, AGUSTÍN. *Romancero general o colección de romances castellanos,* in *Biblioteca de Autores Españoles,* X, XVI. Madrid, 1849-51.
EVANS, JOAN. *Dress in Medieval France.* Oxford, 1952.
FICHTER, WILLIAM L. "A Manuscript Copy of the Lost Autograph of Lope de Vega's *Al pasar del arroyo,*" *Hispanic Review,* III (1935), 202-218.
―――. "New Aids for Dating the Undated Autographs of Lope de Vega's Plays," *Hispanic Review,* IX (1941), 79-90.
FUCILLA, J. G. "Concerning the Poetry of Lope de Vega." *Hispania,* XV (1932), 223-242.
GÓNGORA Y ARGOTE, LUIS DE. *Obras poéticas,* ed. R. Foulché-Delbosc. 3 vols. New York, 1921.
GRAHAM, NOVALYN. "A Note on the Character of the Cid," *Hispania,* XLV, 265-268.
GRISMER, RAYMOND L. *The Influence of Plautus in Spain before Lope de Vega.* New York, 1944.
HALSTEAD, FRANK G. "The Attitude of Lope de Vega toward Astrology and Astronomy," *Hispanic Review,* VII (1939), 205-219.
HAMILTON, EDITH. *Mythology.* Boston, 1942.
HÄMEL, ADALBERT. "Der Cid im Spanischen Drama des XVI und XVII Jahrhunderts," *Beihefte zur Zeitschrift für Romanische Philologie,* XXV (1910), 1-169.
HARSH, PHILIP WHOLLY. *A Handbook of Classical Drama.* Stanford, 1944.
HENRÍQUEZ UREÑA, PEDRO. *La versificación irregular en la poesía castellana.* Madrid, 1920.
HERRICK, MARVIN T. *Tragicomedy, its Origin and Development in Italy, France, and England.* Urbana, 1955.
HILL, JOHN N. and HARLAN, MABEL MARGARET. *Cuatro Comedias.* New York, 1941.
HORACE. *Satires, Epistles, Ars Poetica,* ed. H. Rushton Fairclough. London, 1955.
HOWE, GEORGE and HARRER, G. A. *A Handbook of Classical Mythology.* New York, 1939.
IRIBARREN, JOSÉ MARÍA. *El porqué de los dichos.* 2nd ed. Madrid, 1956.
JACOB, MAX and VALENCE, CLAUDE. *Miroir d'astrologie.* Paris, 1949.
JAMESON, A. K. "Lope's Knowledge of Classical Literature," *Bulletin Hispanique,* XXXVIII (1936), no. 1, 444-501.

KENISTON, HAYWARD. *Syntax of Castilian Prose.* Chicago, 1937.
LA DU, ROBERT R. "The Dramatic Tradition of Bellido Dolfos," *Hispania,* XLVI, 693-699.
LIVERMORE, H. V. *A History of Portugal.* Cambridge, 1947.
MENA, JUAN DE. *El laberinto de la fortuna,* ed. José Manuel Blecua. Madrid, 1943.
MENÉNDEZ PIDAL, RAMÓN, ed. *Cantar de mio Cid.* 3 vols. Madrid, 1944-46.
———, ed. *El Poema de mio Cid* in *Clásicos castellanos.* Madrid, 1955.
———. *Estudios literarios.* Madrid, 1920.
———. *La España del Cid.* 2 vols. Madrid, 1956.
———. *Historia y opopeya.* 2 vols. Madrid, 1934.
———. *Manual de gramática histórica española.* Madrid, 1941.
———, ed. *Primera crónica general de España.* 2nd ed. 2 vols. Madrid, 1955.
———. *Flor nueva de romances viejos.* Madrid, 1928.
———. *Romancero hispánico.* 2 vols. Madrid, 1953.
MENÉNDEZ Y PELAYO, MARCELINO. *Historia de las ideas estéticas en España.* 5 vols. Buenos Aires, 1943.
MARÍN, DIEGO. *La intriga secundaria en el teatro de Lope de Vega.* México, 1958.
———. *Uso y función de la versificación dramática de Lope de Vega.* Valencia, 1962.
MÉRIMÉE, H. *L'art dramatique à Valencia,* Toulouse, 1913.
MOORE, JEROME AARON. *The Romancero in the Chronicle-Legend Plays of Lope de Vega.* University of Pennsylvania Publications in Romance Languages and Literature, no. 30. Philadelphia, 1940.
MORBY, EDWIN S. "Some Observations on *Tragedia* and *Tragicomedia* in Lope," *Hispanic Review,* XI (1943), 185-209.
MORÍNIGO, MARCOS A. *América en el teatro de Lope de Vega.* Buenos Aires, 1946.
MORLEY, S. GRISWOLD. "The Modern Uses of 'Ser' and 'Estar'," PMLA, XL (1925), no. 2, 450-489.
MORLEY, S. GRISWOLD and COURTNEY BRUERTON. *The Chronology of Lope de Vega's Comedias.* New York, 1940.
NORTHUP, GEORGE TYLER. *Three Plays by Calderón.* Boston, 1926.
Oxford Classical Dictionary. Oxford, 1949.
PAZ Y MELIA, JULIÁN. *Catálogo de las piezas de teatro que se conservan en el departamento de manuscritos de la Biblioteca Nacional.* 2nd ed. 2 vols. Madrid, 1934.
PAGÉS DE PUIG, ANICETO. *Gran diccionario de la lengua castellana (de autoridades).* 5 vols. Barcelona, 1932.
PFANDL, LUDWIG. *Historia de la literatura nacional española en la edad de oro,* trans. Dr. Jorge Rubió Balaguer. 2nd ed. Barcelona, 1952.
QUEVEDO VILLEGAS, FRANCISCO DE. *Los sueños,* ed. Julio Cejador y Frauca. 2 vols. Madrid, 1917.
RAMSEY, MARATHON MONTROSE and SPAULDING, ROBERT K. *A Textbook of Modern Spanish.* New York, 1956.
REIG, CAROLA. *El Cantar de Sancho II y cerco de Zamora* in *Revista de Filología española,* Anejo XXXVIII. Madrid, 1947.
RENNERT, HUGO ALBERT. *Spanish Actors and Actresses.* New York, 1907.
———. *The Spanish Stage in the Time of Lope de Vega.* New York, 1909.

Rennert, Hugo Albert. "The Staging of Lope de Vega's *Comedias*," *Revue Hispanique*, XV (1906), 453-485.
Rennert, Hugo Albert and Castro, Américo. *La vida de Lope de Vega*. Madrid, 1919.
Restori, A. "Las almenas de Toro," *Zeitschrift für Romanische Philologie*, XXVI (1902), 506-507.
Robb, Nesca A. *Neoplatonism of the Italian Renaissance*. London, 1935.
Rocamora, José María. *Catálogo abreviado de los manuscritos de la biblioteca del Excmo. Señor Duque de Osuna e infantado*. Madrid, 1882.
Rueda, Lope de. *Obras*, ed. Emilio Cotarelo y Mori. 2 vols. Madrid, 1908.
Salvá, Vicente. *Gramática de la lengua castellana*. Valencia, 1840.
Sánchez Escribano, F. and Porqueras Mayo, A. *Preceptiva dramática española*. Madrid, 1965.
Sbarbi, José María. *Diccionario de refranes, adagios, proverbios, modismos, locuciones, y frases proverbiales de la lengua española*. 2 vols. Madrid, 1922.
Schaeffer, Adolf. *Geschichte des Spanischen Nationaldramas*. Leipzig, 1890.
Schevill, Rudolph. *The Dramatic Art of Lope de Vega together with La dama Boba*. Berkeley, 1918.
Selfa, Bernardo Alemany. *Vocabulario de don Luis de Góngora y Argote*. Madrid, 1930.
Seyffert, Oscar. *Dictionary of Classical Antiquities*, revised and edited by Henry Nettleship and J. E. Sandys. New York, 1956.
Spaulding, O. L. Nickerson, H., and Wright, J. W. *Warfare, a Study of Military Methods from the Earliest Times*. New York, 1925.
Spaulding, Robert K. *How Spanish Grew*. Berkeley, 1948.
Spingarn, J. E. *A History of Literary Criticism in the Renaissance*. 2nd ed. New York, 1924.
Torres Naharro, Bartolomé de. *Propalladia and other words of Bartolomé Torres Naharro*, ed. Joseph E. Gillet. 4 vols. Vols 1-3, Bryn Mawr, 1943-51; vol. 4, transcribed, edited, and completed by Otis H. Green, Philadelphia, 1961.
Valbuena Prat, A. *Historia de la literatura española*. 3 vols. Barcelona, 1957.
Vega Carpio, Lope de. *Parte catorce de las comedias de Lope de Vega*. Madrid, 1620.
———. *Parte catorce de las comedias de Lope de Vega*. Madrid, 1621.
———. *Obras*, publicadas por la Real Academia Española. 15 vols. Madrid, 1890-1913.
———. *Obras*, publicadas por la Real Academia Española (Nueva Edición). 13 vols. Madrid, 1916-30.
———. *Obras escogidas*, ed. Federico Carlos Sainz de Robles. 3 vols. Madrid, 1946-56.
———. *Teatro y obras diversas*, in *Biblioteca Calleja*. 3 vols. Madrid, 1919-35.
———. *Obras dramáticas*, ed. Eduardo Juliá Martínez. 6 vols. Madrid, 1934-36.
———. *La Dorotea*, ed. Edwin S. Morby. Berkeley, 1958.
———. *La gatomaquia*, ed. F. Rodríguez Marín. Madrid, 1935.
———. *El mayor posible*, ed. John Brooks in *University of Arizona Bulletin*, V, no. 7. Tucson, 1933.
———. *El castigo del discreto together with a Study of Conjugal Love in his Theater*, ed. William Fichter. New York, 1925.

VEGA CARPIO, LOPE DE. *El sembrar en buena tierra*, ed. William Fichter. New York, 1944.
———. *Carlos V en Francia*, ed. A. Reichenberger. Philadelphia, 1962.
———. *Las paces de los reyes y judía de Toledo*, ed. J. Castañeda. Chapel Hill, 1962.
———. *El piadoso aragonés*, ed. James Neal Greer. Austin, 1951.
———. *El desdén vengado*, ed. Mabel Margaret Harlan. New York, 1930.
———. *El príncipe despeñado*, ed. Henry W. Hoge. *Indiana University Publications*, Humanity Series no. 33. Bloomington, 1955.
———. *Comedie del Perro del Hortelano*, ed. Eugène Kohler. Paris, 1951.
———. *El caballero de Olmedo*, ed. I. Macdonald. Cambridge, 1934.
———. *El cuerdo loco*, ed. José F. Montesinos. *Teatro Antiguo Español*, IV. Madrid, 1922.
———. *El marqués de las navas*, ed. José F. Montesinos. *Teatro Antiguo Español*, VI. Madrid, 1925.
———. *El cordobés valeroso Pedro Carbonero*, ed. José F. Montesinos. *Teatro Antiguo Español*, VII. Madrid, 1929.
———. *Santiago el verde*, ed. Ruth Annelise Oppenheimer. *Teatro Antiguo Español*, IX. Madrid, 1940.
———. *Los Ramírez de Arellano*, ed. Diana Ramírez de Arellano. Madrid, 1954.
———. *Las burlas veras*, ed. Millard Rosenburg. Philadelphia, 1912.
———. *El Brasil restituido, together with a Study of Patriotism in his Theatre*, ed. Gino de Solenni. New York, 1929.
———. *El Castigo sin venganza*, ed. Adolfo Van Dam. Broninga, 1928.
VÉLEZ DE GUEVARA, LUIS. *El diablo cojuelo*, ed. F. Rodríguez Marín. Madrid, 1918.
VOSSLER, KARL. *Lope de Vega y su tiempo*, trans. R. Gómez de la Serna. Madrid, 1934.
WILSON, WILLIAM. "Contemporary Manners in the Plays of Lope de Vega," *BSS*, XVII (1940), 3-23; XVII, 88-102.
ZAMORA VICENTE, ALONSO. *Lope de Vega*. Madrid, 1961.

The Department of Romance Studies Digital Arts and Collaboration Lab at the University of North Carolina at Chapel Hill is proud to support the digitization of the North Carolina Studies in the Romance Languages and Literatures series.

www.ingramcontent.com/pod-product-compliance
Lightning Source LLC
Chambersburg PA
CBHW022019220426
43663CB00007B/1137